U0057740

# 金聖嘆的人生哲學

——糊塗人生

# 《中國人生叢書》前言

中國聖賢是一個神聖的群體。他們是思想智慧的化身，道德行為的典範，進取成功的象徵。他們或者以自己的思想學說影響歷史，併構成民族性格與靈魂；或者他們本身即親身創造歷史，留下光照千秋的業績。

但歲月流轉，時代阻隔，語言亦發生文句變化。更不用說人生代代無窮已，歷來學問家詮釋演繹聖賢學說，形成眾多門戶相左的學派，同時又相應神化聖賢事跡。於是，聖賢便高居雲端，使常人可望不可及，只能奉為神明，頂禮膜拜。

然而，消除阻隔，融匯古今，無論學問思想，或者智勇功業，如此二者常常並不是分離的，且必然是人生的，為社會人生而存在的。這就是聖賢學說、智略、勇氣、運籌、奔走、苦鬥、成功的經驗、失敗的教訓，乃至道德文章，行為風範，也體現為一種切實的人生。因為聖者賢者也是人。

這是一種存在，無須多說甚麼。但存在對每一個人並不意味著親切，也不意味著自覺。我想聖賢人生與我們這些凡夫俗子的人生加以聯繫。聖賢不正是一個凡夫俗子，經許多努力，經許多造就，才成其為聖者賢者的嗎？

當然還有一個重要方面，時世使然矣，這就是歷經漫漫千年的中古時代，又歷經憂患求索的百年近代，世界文化已在衝擊中國人的生存方式。該如何確立中國人的人生路，我總認為無論是作為一種一脈相承的文化淵源，還是作為一種參照與啟迪都莫如了解中國聖賢人生，莫如將我們平凡的人生從聖賢人生與學說找到佐證，找到圭臬。所謂古人不見今時月，今月曾經照古人。正是由此理解，由此思忖，我嘗試撰寫了《莊子的人生哲學》，問世以來即引起讀者的關注與歡迎。並且成為我組織一套《中國人生叢書》的直接引線。

我大致想好了，依然如《莊子的人生哲學》一樣，一書寫一聖賢人物。我還不揣譾陋，以我的《莊子的人生哲學》為範本，用一種隨筆的文體與筆調，古今結合，史論結合，聖賢人生與凡生結合，我還要求每一位作者對他所寫的聖賢人物，結合自己的人生閱歷對聖賢寫出獨特的人生體驗。我請了我的多位具卓越才識的朋友，他們都極熱心地加盟這套書的寫作，並至順利完成。

現在書將出版了，我需感謝我的朋友們，感謝出版社，希望更多的讀者喜歡它。

揚帆

# 《中國人生叢書》前言附語

《中國人生叢書》原先所寫的對象俱為中國歷史上聖賢人物的人生哲學，如老莊、孔、孟等。因之《中國人生叢書》前言亦是交代這一部分書若干種的來由。

實際「中國人生」是一個含蓋更為豐富廣闊的概念，這是明白的。因之，揚智文化事業股份有限公司的葉忠賢先生擬擴大它的規模，至少在內涵上應與「中國人生」更相符合些，這是自然的。無論是循名責實，還是作為實業上的某種建樹，出版者這樣想都是順理成章的。當然，從讀者這方面考慮，中國人文史漫漫數千年，寫人生哲學也不應只有這幾位聖賢人物，應該給讀者更廣闊的視野，更寬廣的精神空間。此亦情理之中的事。如此，本叢書又引進《曹操的人生哲學》、《孫權的人生哲學》、《袁枚的人生哲學》等諸種，相應說明如下：

全部。1. 原來《中國人生叢書》聖賢諸種再加現在諸種，即為《中國人生叢書》的全部。

2. 後續所加人物，其人生品格與聖賢是有差別的，這一點不言自明。

3. 為保持此叢書的形式統一，前言不變，特加此「附語」加以說明，亦祈讀者諸君明鑑。

# 目錄

## 金聖嘆的人生哲學

# 話說金聖嘆

文人的人生曲線，明滅在他的詩書之中。一個敏感的文人，連同他的斑斕詩書，既是民族文化傳統的結晶，又是特定時代社會的產物。因此，無論金聖嘆的人生如何狂怪，他的詩書怎樣異端，我們要辨認清楚他眞實的人生曲線，並且從中找到一種歷史感覺，還是不能不從他生活的那個時代，那個社會開始。這正如孟子說的「頌其詩，讀其書，不知其人可乎?是以論其世也」（《孟子·萬章下》）。

## 末世的陸離社會

金聖嘆生長於晚明，晚明是一個好異的時代，一個陸離的社會。

中國封建文化走過了幾千年的歷程而進入了明代以後，已經耗盡了可貴的朝氣，不再具有廣大的胸懷，從容的氣度，主動的迎接各種挑戰的膽識和能力。它恐懼自身生命的日益衰老，害怕異己生命的日漸萌生。明朝開國皇帝朱元璋恰好成爲它的某種象徵：潛藏著一種自卑的心理，過於敏感，太多忌諱，以獨裁爲能事，以鎭壓爲力量，小心翼翼地維護著一種貌似安全統一實則呆板僵化的文化氛圍。明令規定：「一切軍民利病，工農商賈皆可言之，唯生員不可建言。」甚至對於亞聖孟子，也因爲他敢講「民貴君輕」而不能容忍：「使此老在今日寧得免耶！」

然而，朱元璋可以推倒元朝，卻不能改變歷史發展規律。到了明代中葉以後，雖然專創制度因經驗積累而更加嚴密，廠衛特務因獨裁需要而依然橫行，對於思想犯也一如繼往地迫害，但統治者卻是越來越腐敗了，控制力卻是越來越削弱了。幾次改革活動雖然無力回天，不得善終，卻也造成了深刻的影響。中國封建所有的內部結構終於發生了緩慢而又重要的新變化，隨著屯田向私有和民田地轉化，傳統地權占有形式開始有了變更；隨著自由租佃和自由雇工的出現，封建依附關係開始出現鬆動。與此相應，手工業生產空前提高，商品經濟日益繁榮，絲織、棉布、榨油、冶礦等行業湧現出了大量的自由雇工和勞力市場。於是，後世的一些史學家們津津樂道：資本主義生產萌芽開始在中國封建制度母體內產生了。

商品生產的擴大，商品經濟的繁榮，宛如洪水猛獸，迅猛地衝擊著明代中葉的社會文化格尙。

首先是市民階層的隊伍擴大了，商人和手工業者的地位提高了，社會結構悄悄地發生著新的變化。特別引人注目的是那些大的商家，過去只能屈居四民之末，現在則要刮目相看。憑藉著雄厚的財力，他們左右物價，操縱市場，豢養官吏，介入政治，對社會生活的各個方面都毫不掩飾地施加影響，使得任何人都不能輕視他們的存在。憑藉著雄厚的財力，他們不再僅僅遵守「賈道」，而且要摘取科第，擠進官場。聽聽徽商汪某對兒子的叮囑：「吾先世夷編戶久矣，非儒術無以亢吾宗，孺子勉之，毋效賈豎子爲也」（汪道昆《太涵集》卷六七）；憑藉著雄厚的財力，他們積極干預社會、興學校、辦書院、建祠堂、救濟貧寒才子、結交文人墨客，博得了世人的稱頌，看看歷史的記載：婺源商人王尙儒活躍於荆楚一帶，「尊重師儒，獎掖寒俊，至今江漢雞窗之士，猶嘖嘖豔稱高誼不衰」（《明清徽商資料選編》四五九頁）。於是，似乎是作爲回報，他們，連同手工業者，大都得到了前所未有的社會地位，「其人且與縉紳先生列坐抗禮焉」（張岱《陶庵夢憶》卷五）。

接著是廣大城鎭以及與之聯繫緊密的鄉村，生活方式改變了，社會風尙也隨之改變，傳統禮制對於人們衣食住行的種種森嚴限制被打破，「人皆志於尊崇富侈，不復知有明禁，群相蹈之」（《松窗夢語》）。只要瀏覽一下晚明淸初的野史筆記，隨時可以看到文人學士們握著筆怎樣甜甜地或酸酸地寫下的有關記錄。諸如，明代早期，「非世家不架高堂」，「若小民咸以茅爲屋」；而現在，「江南富翁，一命未沾，輒大爲營建，五間七間，九架十架，猶爲常耳，嘗不以越分爲愧」（《龍口夢餘錄》卷四），明代早期，律條明確規定士庶不准服大紅絲緞，而現在，「庶人之妻多用命服」，小康人家「非繡衣大紅不服」，連富戶婢女也「非大紅裏衣不華」（《閱世編》卷八）。明代早期，不但進士皆是步行，即使「鄉宦雖至任回家，只是步行，憲廟（成化）時士夫始騎馬」（《四友齋叢說摘鈔》卷六）；而現在，不但士夫騎馬乘轎，富商也騎馬乘轎，「至優伶之賤，竟有乘軒赴演者」（《巢林筆談》卷四）。

社會結構，生活方式，社會風尙的改變，必然促使人們道德觀念和價值觀念的改變。明太祖一流人所精心維繫的忠孝節義之幔，此時已被「拜金」之風吹開；他們所竭力杜塞的異端思想，此時已如突破堅冰的春水。聲明「一世不可余，余亦不可一世」的思想家大有人在；倡言：「人生不可無笑」的讀書人大有人在；爲官者鄙棄「桎梏子衣冠豢養於祿食」者大有人在；經商者自認「既不能拾朱紫以顯父母，創業立家亦足以垂裕後昆」者大有人在。至於崇拜金錢而丟掉節義的男子，追求「至情」而不顧禮教的婦女，更加比比皆是。這有當時的民歌爲證：

人為你虧行損，人為你斷義辜恩，人為你失孝廉，人為你忘忠信。細思量多少不仁。銅臭明知是禍根，一個個將他務本。

人為你惹煩惱，人為你夢擾魂勞，人為你易大節，人為你傷名教。細思量多少英豪。銅臭明知是禍因，一個個因他喪了。

——《石林逸興·題錢》

結識私情弗要慌，捉著子奸情奴自去當！拼得到官雙膝饅頭跪子從實說，咬釘嚼鐵我偷郎！

——馮夢龍《山歌》

這就是晚明社會的側影，它變得如此光怪陸離。你可以詛咒它，可以讚美它。但無論是詛咒還是讚美，它都不容你忽視，較之以往的任何時代，在晚明的社會裡，「人」是漸漸清晰了。

## 晚明的清新士風

金聖嘆乃晚明一「士」，雖然他總是以其狂怪自別於衆「士」。

如果說，在晚明這個好異的時代裡，這個陸離的社會裡，「人」是漸漸地清晰起來了，那麼，當時最爲清晰的「人」，則是一些具有啓蒙人格的「士」。他們既不「依憑古人之式樣」，也不「取潤賢聖之餘沫」（《袁宏道集箋校》卷五）；既不以「兼善天下」自負，也不以高蹈遠遁自高。他們要做的，只是一個自自然然，平平凡凡的人，一個有童心、有至情、有大欲的人，一個有自己的思想、自己的個性、自己的生活道路的人，一個敢於追求也善於追求人世間幸福歡樂的人，一個熱愛自己、屬於自己的人，一個願天下之人「各遂其生，各獲其所願」的人（李贄《明燈道古錄》）。

公元十四世紀，在西方的意大利，文藝復興運動代表人物，人文主義之父徹特拉克曾經鄭重宣告：「屬於人的那種光榮對於我就夠了，這是我所祈求的一切。我自己是凡人，我只要求凡人的幸福（秘密）！」兩百多年以後，在東方的中國，公安派代表人物，以「獨抒性靈」鳴世的袁宏道、袁中道也曾鄭重宣告：「打倒自家身子，安心與俗人一樣」（《袁宏道集箋校》卷四四）；若夫世樂可得，即享世間之樂；世樂必不可得，因尋世外之樂（《珂雪齋集》卷二五）。這兩種聲音是如此平實，似乎是許多人心裡都想到過的；又是如此奇偉，卻是許多人都沒有參透的。它們固然來自大不相同的歷史文化背景，有著不盡相同的哲學內蘊，但其人格精神卻是相通的。袁氏兄弟的宣告，傳達了當時廣大士人的心聲，顯現出了一個較爲清晰「人」字。晚明的清新士風，正由這裡悄然生起，掠過神州。

在這種清新之風的吹拂下，士人們大都自覺尊崇至情，注意發展個性。他們的心目中，「天理」不再是世界的主宰，「禮義」不再是社會的支柱，而只有情，才是生命的源泉，「情之一字，所以維持世界」（《幽夢影》卷下）。「情」而且「至」，即是個性所在，「性無可求，總求之於情耳」。馮夢龍並不算特別浪漫，可正是他，誓要創立一種「情教」，以與儒教、佛教、道教相對立。他的宣言是：「天地若無情，不生一切物。一切物無情，不能環相生。生生而不滅，由情不滅故。四大皆幻設，惟情不虛假。有情疏者親，無情親者疏。無情與有情，相去不可量。我欲立情教，教誨諸衆生」（《情史·序》）。而他的「情教」的根本宗旨，則爲「無情化有，私情化公」喚醒人們心中的「情種子」，破「禮法」而出，開花結果。

在這種清新之風的吹拂下，士人們特別是江南的士人們，大都流連城鎮，植根市民，熱愛生活，善於生活，盡可能使有限的物質生活、文化生活藝術化，在生活中表現出自己的個性，從而獲得美的享受。生活中最基本的內容之一是飲食，而對於飲食，晚明士人有著特殊的講究。他們或者組織「飲食社」，或者撰著飲食書，或者成爲「酒痴」，或者染上「茶淫」，務必食出情調品味，飲出酒趣茶趣，然後大大方方從人生哲學的高度總結出一條新穎的理論：「故修生之士，不可以不美其飲食」（《四友齋叢說》卷三二）。城鎮生活中的重要特色之一是園林，而對於園林，晚明士人表現了特殊的興趣和才能。他們許多人都善於建構園林，品藻園林，能自行設計，指揮施工，或大或小，或樸或巧，雖一小園、一茅檐、一拳石、一勺水，也精心安排，以寄情適志，「如名手作畫，不使一筆不靈；如名流作文，不使一語不韻」（《祁彪佳集》卷七）。

在這種清新之風的吹拂下，士人們，特別是江南的士人們，大都厭棄一本正經的「雅」文化，提倡別有情調的「俗」文化，「近日人情，喜讀閒書，畏聽莊論。」他們既流連城鎮，植根市民，又「安心與俗人一樣」，結果不但生活方式趨於市俗化，思想情趣也不知不覺受到市民意識的浸染。他們之中許多人在青少年時代也「頗自負，礪名節，尙氣節，期退不歉於倫常，進不缺於經濟」。然而，伯樂難遇，久困科場，生計維艱，鬱積了一肚子不平之氣，恰好在陸離的城鎮裡發現了新的生活，在新興的市民中找到了慰藉。於是，激發起當代意識、個性意識、創新意識。有的立意要以市民喜愛的通俗藝術形式，表現眞情至理，描摹人情世態，塑造各種「雜色」人物，用小說家陸雲龍的自白來說就是：「今人無可告語，乃上而與陳死人作緣；更不堪莊語，乃妄而與齊諧輩作伍。然非傲也，非誕也，一腔不得已」（《翠娛閣近言》卷三）。有的則以市井評話歌謠之眞，貶抑正統詩文之假，熱心於通俗文學的評點、編輯、刊印，並且推許爲「古今至文」，「暢心之書」，「皆從世情上寫來，件件逼眞」，使之與雅文化中的經典著作並列殿堂。於是，《水滸傳》、《西廂記》等等家喻戶曉，聲名大振；《金瓶梅》、《三言》、《二拍》等等相繼問世，風行全國——具有時代特徵的通俗文學迎著這種清新的士風爭奇鬥豔了。

## 傳說中的前身

在晚明，這樣一個好異的時代裡，這樣一個陸離的社會裡，這樣一個飄拂著清新士風的文化氛圍裡，這樣一個交織著幸運的笑容與不幸的惡夢的氣運裡，金聖嘆誕生了。

自古以來，中國人就有一種特殊的創作欲望。對於一個他們以爲算得上是卓越特異的人物，每每總要想出一個「前身」，創作出若干出生的故事。而這個「前身」，往往與該人物同樣特異；這些故事，常常與該人物一樣卓越。最可感佩的是，創作者、聽衆、記錄者，對於這樣的故事，態度往往十分嚴肅虔誠。譬如，漢高祖劉邦的「前身」是龍，煌煌《史記》中有明確記載；偉大詩人李白是太白金星投胎，新舊《唐書》都曾大筆書寫。其實這都是人們以想像和創作的方式來表達自已對卓越特異人物的解釋和評價——富有浪漫神話色彩的想像和創作比那些抽象的解釋和評價，當然生動得多，含蓄得多，更加富有人情味，更加富有啓示性，更加容易被民衆所接受，所傳誦。

金聖嘆也獲得了許多卓越特異人物所有的那種資格和榮幸。關於他的「前身」，有幾種傳說。

楊保同《金聖嘆軼事》記云：

> 俗傳三月三日為文昌生日，而聖嘆亦于是日生。故人稱聖嘆為文曲星。聖嘆虔祀文昌，或亦因此歟？又傳聖嘆生時，其母夢紫衣人抱小兒置諸其

懷，一驚而寤，遂生聖嘆，故又謂夢中之紫衣人為文昌帝君。

這是一個流傳廣泛的傳說。無論金聖嘆的「前身」是文昌君還是文昌君抱中的小兒，都足以使人們，特別是孜孜以求的秀才們，所崇拜，所豔羨，所津津樂道。要知道，文昌君不僅本人極有才華，而且又握有主持文選的大權，讀書人或希望家族中出現一個了不起的讀書人的人在，誰能不對他老人家頂禮膜拜？能與這位神聖攀上點因緣的，古往今來，只有宋朝開封府尹龍圖閣大學士包拯等少數幾位。看來，在當時人們心目中，金聖嘆的才華是非同尋常的。我們話說金聖嘆，這是應該把握好的基調。

王東溆《柳南隨筆》又云：

（金聖嘆）性固聰明絕世，而用心虛明，魔來附之。某宗伯《天台泐法師靈異記》所謂慈月宮陳夫人，以天啟丁卯五月降子金氏之哺者，即指聖嘆也。聖嘆自為哺所憑，下筆益機辨瀾翻，常有神助，然多不規於正。

所謂某宗伯，即大名鼎鼎的錢牧齋，明末的文壇領袖，才子典型，風流模範。既是他所深信所記載的，足見這一傳說大有來歷。雖然慈月宮陳夫人的聲威比不得文昌君，但她能「降于金氏之喃（同「乩」）」，也是難得的際遇。而最值得注意的，還是「下筆益機辨瀾翻，常有神助，然多不規於正」三句。對於金聖嘆，這可以說是最準確恰當的考語，當以此與前一傳說合看。

而孫文玉《新義錄》則云：

> 聖嘆前身，為杭州昭慶寺僧。死後，朱眉夢聖嘆謂之曰：「吾前身乃僧也，嘗遊歡愛河中，故有是刼。今晚矣，當為鄧尉山神。」

按照一般的理解，這一傳說的根據，在於金聖嘆確實一貫癖好佛書，經常出入寺院，交往僧侶，對佛火，坐蒲團，乃至召徒講經，爲衆多僧人嘆服。而在筆者看來，這一傳說的「文眼」在於「嘗遊歡愛河中」六字。試想，身爲大和尙而「遊歡愛河中」置戒律於何地？視人言爲何物？一切本諸情性，不是狂得可以，怪得離奇嗎？而這種狂怪的品性，不正是金聖嘆所特有的嗎？

金聖嘆的「前身」到底是文昌君，是陳夫人，還是大和尙呢？都不是，也都是。作爲人們的不同解釋和評價，三者各具一面，合而觀之，互相輝映，才是金聖嘆的「前身」：文昌君的文心彩筆，陳夫人的機辨頭腦和「不規於正」的膽識，大和尚的狂怪品格和藐視戒律人言的勇氣，這才合而鑄就了金聖嘆的人生——這就是諸多傳說的價值。

然而，最好還是透過他的「前身」，觀察他的眞身。

## 迷離中的姓名

既然已經論及金聖嘆生長的時代、社會及其文化氛圍，既然已經談到金聖嘆的「前身」及其在解釋學上的意義，現在就應該「話說」他的本人，他的眞身了。而要「話說」他的本人，他的眞身，首先就得對他有個稱呼，這是毫無疑義的。然而，就在這毫無疑義之處，卻生出了一個嚴重的問題：金聖嘆姓什名誰？我們一面說著「金聖嘆」，一面卻問著「他叫什麼」？也許有些可笑，但無論從考據還是「話說……」本身而言，弄淸傳主眞實名姓、身份是必須的。「而且金聖嘆」這個符號指稱那個人是否正確，牽扯到許多姓名之外的問題。

廖燕《金聖嘆先生傳》云：

先生金姓，采名，若采字，吳縣諸生也……鼎革後，絕意仕進，更名人瑞，字聖嘆。

王應奎（東溆）《柳南隨筆》則曰：

金人瑞，字若采，聖嘆其法號也。

而無名氏《辛丑記聞》又牽引出重要一幕：

金聖嘆，名喟，又名人瑞，庠姓張，原名采，字若采，為文倜儻不群，少補博士弟子員，後以歲試之文怪誕不經黜革，來年科試頂金人瑞名，就童子試，而文宗即拔第一，補庠生。

無名氏《哭廟記略》卻另有新說：

金聖嘆，名人瑞，庠生，姓張，原名采，字若來，文倜儻不群，少補長洲博士弟子員，後以歲試文怪誕黜革。及科試，頂金人瑞名就試，即拔第一，補吳庠生。

廖燕是清初著名學者，一向推服金聖嘆，並且探訪過金的故居。後面幾位也都是明末清初的文士，他們的說法應該都有些來歷。可是按照他們的記載，金老先生的姓就有兩種可能：一是金，一是張；名有三種可能：一是采，一是喟，一是人瑞；字也有三種可能：一是若采，一是若來，一是聖嘆。這不很有些奇怪嗎？

幸而，與他一同陷入哭廟案的吳縣諸生顧公燮，懷著特別的深意撰有《哭廟異聞》，其中對他的姓名有過較爲清晰的交待：

> 金聖嘆，名人瑞，庠姓張，字若來，原名采。為人倜儻不群，少補長洲諸生，以歲試之文怪誕黜革。次年科試，頂張人瑞就童子試，拔第一，補入吳庠。

這是一種較爲原始，較爲可信的記錄。以此爲線索，近些年來，學者們進行了多方考索，終於使他老先生的姓氏名字從迷離混亂中清晰地突現出來：先生姓金，原名釆，字若來；後又名喟，字聖嘆。庠姓張，名人瑞。因爲頂「張人瑞」之名應試，所以入清後就廢除了「金釆」的原名，而改名「金人瑞」了（參見《文壇怪傑金聖嘆》）。

莊子說：「名者實之賓也」，無論姓、名、字都不過是一個人的指稱符號。可是，與一般人相比較，金聖嘆的名姓如此紛雜，如此變易，引得學者們不厭其煩層層考證，是因爲這裡面有指稱符號之外的別一種深意，值得探究。

譬如，讀書人博取功名，折腰仕途，重要目的之一是光宗耀祖，可金聖嘆偏要頂「張人瑞」之名應試，如果幸而得中，幸而爲官，豈不是光了張姓之宗，耀了張氏之祖嗎？所爲何來？答曰：不得已也，因爲前此已由於試文「怪誕」而被黜革。讀書人進考場，應科試，是何等大事，況且明朝皇帝早已欽定八股應試時，嚴禁應試者在內容和形式上有絲毫的改進或創造，金聖嘆何人，其應試之文如何敢「怪誕」，又如何能「怪誕」？答曰：藐視功名，侮弄權威，標新立異，遊戲科場，品性使之然也。

又如父母既已名之曰「釆」，字之曰「若來」；這是何等莊嚴，他老先生卻敢於要改名爲「喟」，易字爲「聖嘆」，有何特別的深刻用意？先生曰：「《論語》有兩『喟然嘆曰』，在『顏淵』爲嘆聖，在『與點』則爲聖嘆，予其爲點之流並歟？」（《金聖嘆先生傳》）《論語》的兩「喟然嘆曰」，一是「顏淵喟然嘆曰，仰之彌高，鑽之彌堅」，是顏淵讚嘆孔子的博大精深，所以說是「嘆聖」；一是「夫子喟然嘆曰：『吾與點也』」是孔子讚嘆弟子曾皙的胸襟悠然，所以說是「聖嘆」。可見，金氏改名易字之舉，取「聖嘆」之深意，乃自披胸襟，自道抱負，儼然以賢哲自居，品性使之然也。

既然老先生的姓氏名字如此變易，如此迷離，隱含著他人生的軌跡，蘊涵著他特有的品性，自然也就值得以眞考證，詳細說明，深入體會了。

## 眞正的讀書種子

晚明商品經濟的繁榮，首先繁榮了蘇州；晚明商人，手工業者社會地位的提高，首先提高了蘇州；晚明社會風尙的改變，首先改變了蘇州；晚明通俗文化的勃興，首先勃興了蘇州；晚明士林風氣的清新，首先清新了蘇州。歷史悠久，風物秀美的蘇州，又值風雲際會，成爲晚明時代的象徵，社會的窗口。

那時的蘇州，控三江，帶五湖，人煙稠密，列肆櫛比，「洋貨、皮貨、綢緞、衣飾、金玉、珠寶、參藥渚鋪，戲園、遊船酒肆、茶店，如山如林，不知幾千萬人」（顧公燮《消夏閒記摘抄》卷上）。眞的如馮夢龍所描寫的：「翠袖三千樓上下，黃金百萬水東西。五更市販何曾絕，四遠方言總不齊」（《警世通言》卷二六）。更爲難得的是，唐伯虎、祝枝山的流風餘韻猶在，馮夢龍的通俗文學事業方興。

大明萬歷三十四年，公元一六〇六年，金聖嘆即出生於蘇州。時爲蘇州府長洲縣，現今爲蘇州市海紅坊。

金氏一姓，在蘇州地區並非著姓世家，而是後起之族。據陳去病在民國初年考察，「其先爲宋相國安節之後，安節故家休宁之汪金橋，而葬於嘉興，故子孫多居吳越間」（《五石脂》）。

金聖嘆的父親是一位讀書人，可能曾以教書爲生。那時蘇州地區的讀書人，大多有一個名號高雅響亮的讀書堂，如韓住的「貫華堂」，金晶的「學易堂」，而金聖嘆的父親似乎不曾有過讀書堂；那時蘇州地區的讀書人，大都勤於吟寫詩文，熱心刊布著作，而金聖嘆的父親好像未見有著作傳世；那時蘇州地區的讀書人，很多都能摘取或大或小的功名，而金聖嘆的父親大約沒有這樣的榮幸。他是一位極普通的讀書人。

然而，極普通的讀書人常常有極不普通的夢想，而且往往將自已的夢想寄托在兒孫身上。因此，作爲兒孫的人，就不能不被動地乃至被迫地接受父祖輩留給他們的人生藍圖——即使他們並不認爲這藍圖是美好的。金聖嘆也不例外。他從小就接受嚴格的訓練，以至幾十年以後，他對寒窗苦讀的生活還記憶猶新：

吾數歲時，在鄉塾中臨窗誦書，每至薄暮，書完日落，窗光蒼然，幾年如一日也。吾至今暮窗欲暗，猶疑身在舊塾也。

——《水滸》五十六回批語

晚明時代，中國科舉制度日益衰老僵化，「一切正規」的學校教育，包括兒童的啓蒙教育，都與它緊緊相聯因而同樣死氣沈沈。一個五六歲的男孩，剛剛走進鄉塾，就得苦讀那些他們根本不可能理解、不可能有興趣的《四書》、《五經》，弄得童趣成了過錯，老成獲得誇獎。資質聰明的受到壓抑，資質平常的越發呆頭呆腦，心靈都遭受不同程度的傷害。金聖嘆從小就是金聖嘆，竟然能在枯燥的經文中發現有趣的問題：

記得聖嘆最幼時，讀《論語》至子張問：「士何如斯可謂之達矣？」見下文忽接云：子曰：「何哉，爾所謂達者？」不覺失驚吐舌。蒙師怪之，至與之夏楚。

——《西廂寺警》批

孔門弟子子張問讀書人怎樣做才可以叫「達」，孔子先不直接回答，卻反問道，你所說的「達」是什麼意思，目的是使他自己暴露出觀念上的毛病，從而對症下藥，更深入地回答他的問題。這一「機鋒」被聰明的小聖嘆發現了，有會於心，「不覺失驚吐舌」，這是何等難得的悟性，大有幾分「世尊拈花，迦葉微笑」的氣象。誰料，結果卻被冬烘先生無端打了一頓板子。

小聖嘆也有幸運的時候，遇到開明的先生。有一年，他偷看《西廂》，到「酬韻」一折，張生相思難抑，埋怨鶯鶯「他不瞅人待怎生，何須眉眼傳情」，忽然感悟，浮想連翩，以至如醉如痴，不茶不飯，悄然廢書而臥者三四日。

先師徐叔良先生見而驚問，聖嘆當時恃愛不諱，便直告之。先師不惟不嗔，乃反嘆曰：「孺子異日真是世間讀書種子。」

——《西廂·酬韻》批

徐叔良所見不差，金聖嘆讀書，敏子體悟，暢於聯想，感情投入，忘乎所以；既能準確地把握哲人談話機鋒，又能深刻領會才子相思心態，並且設身處地，在自已的視界與作者的視界融合之中，獲得創造性的理解效果，果然是世間眞正的讀書種子。

## 驚世的科場狂生

金聖嘆是世間眞正的讀書種子，卻不是科場得意的應試種子，而正由於他是眞正的讀書種子，不可能成爲科場得意的應試種子也是自然而然的事。讀書種子的經歷、創獲、品性，使他眼太高，才學太茂，狂怪太甚。

宗法的倫理政治關係，獨尊的儒學人本理論，防範的科舉取士制度，逐漸塑造起了中國讀書人最有典型意義的人格模式。從隋唐到明清，中國多數讀書人都自覺地將自己的命運與國家的命運聯繫起來，將自己的前途與帝王賜予的祿位聯繫起來，將十年寒窗與金榜題名聯繫起來；而這種種聯繫的主要紐帶，就是科舉考試。如果沒有這種種聯繫，許多讀書人就不知道自己是誰，何以自處；而如果沒有科舉考試，也就很難有這種種聯繫。由此，可以估量出科舉考試對於讀書人的意義。

唐王朝比較開放，比較寬鬆，規模闊大，氣度恢宏。而面對剛剛完善的科舉制度，讀書人尙且是：考試前，揣度「畫眉深淺入時無」；考中了，就「春風得意馬蹄急」；考落了，則「恥作明時失路人」。明王朝讀書人的角色意識和自處心態就更是等而下之了。《儒林外史》描寫的范進中舉前後的情景，固然有藝術誇張的成份，卻也是讀書人眞實而生動的寫照。

但是，金聖嘆卻與衆不同。他對人生有眞體驗，對社會有眞認識，對科舉有眞透視，對書本有眞見解，敢於狂，敢於怪，敢於呼喚「自由之身」，敢於請爲讀書者的「光明」。他將《水滸》、《西廂》看得比《四書》、《五經》更重，將草莽英雄、才子佳人看得比官場倫父、黌門秀才更重，將自己的才名看得比功名更重。他也曾得到一個「諸生（秀才）」的資格，可他卻「補而旋棄，棄而旋補」，「以諸生爲遊戲」（王應奎《柳南隨筆》）。以至到現在人們已經考證不出他到底「棄」了幾次，「補」了幾次，「遊戲」到了幾時。要知道，這不是「以諸生爲遊戲」，而是以自己的仕宦前程爲遊戲，以自己的「政治生命」爲遊戲。

而且，他遊戲的態度和方式也很特別。據顧公燮《丹午筆記》記載：

金聖嘆歲試，作《以杖叩其脛》，《闕黨童子將命》題。中間渡之曰：「一叩而原壤痛矣，再叩而原壤昏矣，三叩而原壤死矣。三魂渺渺，六魄悠悠，乃生於闕黨而化為童子矣。孔子曰：『此吾做人也，使之將命可也。』」以此考六等，挑紅糞桶而出，遇黃陶庵子門。陶庵曰：「君又何至於此？」聖嘆曰：「吾豈不如老農！」」。

原壤是莊子一流的人物，又是孔子的老朋友。孔子「以杖叩其脛」，有著深遠的用心，目的在於重重提醒他，同時也教化世人，幼年要懂得「遜悌」，長大要有所貢獻。提到哲學的高度，這是儒家思想與道家思想的一次撞擊。八股文講究代聖賢立言，而代聖賢立言就彷彿是為戲台上的聖人賢者寫道白，重要之點是展示聖賢的偉大思想。可金聖嘆卻膽敢開孔聖人的玩笑。將一場「嚴肅的思想鬥爭」化作一場滑稽的喜劇片——而且是莊嚴的歲試考場，面對著掌握予奪大權的主考官員。

夫歲試也者，按照明朝科舉制度的規定，是由學台大人主持對諸生亦即秀才進行甄別的考試，以六等定優劣：凡考列一等的，升為候補廩膳生；考列二等的，升為候補增廣生；考列五等的，遞降一級；考列六等的，則黜革除名，即取消秀才資格及有關待遇。對於秀才來說，歲試是何等重要！多少人如臨生死關頭。可金聖嘆卻縱情戲弄聖人，這不是拿自己「政治生命」亦即錦繡前程開玩笑嗎？世間讀書人有誰能如此之「怪」，如此之「狂」！

絕無僅有，這就是金聖嘆！

由著性子「玩」了一回歲試，丟棄了秀才資格，「挑紅糞桶而出」之後，金聖嘆似乎得到了滿足，顯得格外輕鬆，特地刻了一枚「六等秀才」的圖章，嘻嘻笑笑地到處戳蓋。他總是覺得得到了一些什麼吧——莫非就是他時常呼喚的「自由之身」？

然而，歲月如流，人世如網，吳中士子大都醉心科舉，看重功名，不能不對金聖嘆有所影響，他到底未能徹底自由，完全免俗，後來還是頂了「張人瑞」的姓名，正正經經地參加了一次童子試，稍稍用了一點八股才華，被文宗拔置第一，補了個庠生，又一次拾起了秀才的帽子戴著玩。

## 易代之際

在中國歷代社會裡，在華夏文化傳統中，「士」亦即讀書人，總是扮演著很特殊的角色，擔負著很特殊的使命。一個自覺的讀書人，無論你爲官爲民，是富是貧，在朝在野，處城處鄉，無論你是否沾潤過「浩蕩皇恩」，是否承受過社會眷顧，也無論你性情狂放、剛烈，還是柔弱、沈靜，你都應該是文化的傳承者，基本價值的維護者，應該是社會的良心，民衆的典型，不可以不「以天下風教是非爲己任」。每當戰亂頻仍之時，易代鼎革之際，重視節操的讀書人除了要與其他群衆一樣身受離亂之苦以外，還要經受與其他群衆大不相同的嚴峻考驗：即使不能「起兵勤王」，也該「從容赴死」，即使不能當面罵賊，也該隱退不仕，拒絕與新統治者合作。所有這些，既是民族對讀書人殷切希望，也是讀書人對自己的自覺要求。歷史等待著記錄你的表現。

現在，三十八歲的金聖嘆和千百萬明末讀書人都遭遇了易代鼎革之變，都面臨著生死榮辱的考驗。

公元一六四四年三月，李自成率兵攻破北京，崇禎皇帝煤山自縊，死前留下「任賊分裂朕屍，勿傷百姓」的遺言。公元一六四四年十月，滿清貴族入主北京，福臨即皇帝位，隨後下達了薙髮令。大明王朝由腐敗而滅亡。讀書人叫作

「天崩地拆」，歷史書稱爲「甲申之變」。

李自成的軍隊並沒有到過蘇州地區，但蘇州地區的讀書人也體驗到了「亡國之痛」。加上顧棻、時敏等蘇州籍京官公然投降大順，更是使他們蒙受羞辱。他們集會同志，發佈檄文，聲討「降賊逆臣」，悲呼「吾邑三百年來，未有名節掃地如今日者也」（《丹午筆記》）。

清王朝的軍隊屠戮了蘇州地區，薙髮令更是激起了蘇州民衆的反抗。他們一改文靜軟語之風，頭纏白布，揭竿而起，楚撫署，殺降官，占地形，殲敵兵。在渡僧橋用計壓死清貝勒八王爺。諸生陸世鑰率衆千餘，時而屯守湖中，時而突入葑門，與清兵作殊死的鬥爭（《丹午筆記》）。

國破之時，易代之際，蘇州多數民衆沒有屈服，蘇州多數士人沒有屈服。金聖嘆呢?雖然由於史料缺佚，由於詩作被編集者刪削，金聖嘆此時的具體活動難以詳考，但他的意識、他的心態、他的精神，仍然躍動在現存的詩歌之中，使後人看到了一個未曾屈服的身影。

此時，金聖嘆正遭大病，「西風不肯饒寒屋，舊病公然瘧賤軀。棄友幾人丟甲后，哀憐到我候書俱」（《乙酉又病》），是其境遇的生動寫照。然而，他仍然支撐著病體，從西風寒屋之中注視著國難，寄託著心願。他別無所有，惟有一隻銳筆，他就用這隻筆來頌揚抗清將領劉肇基、莊子周等「壯士幷心同日死」的壯烈，激勵更多將士起而仿效；譏刺福王朱由崧「名王卷席一時藏」的怯懦，勸勉後來者引以為戒，有所據作；嘆惜「江南仕女都無賴，門掩落花春晝長」的無奈，希望人們能繼續奮起，拼命一博（《塞北今朝》）總之，他企盼有人能阻擋南下的清軍，大局能有所好轉，江南能免遭塗炭。

但是，無人能阻擋清軍，大局也難以好轉，錦繡江南在流血流淚。他的希望、他的狂放都化作了無限的悲哀，化作了無比的憤怒。身為書生，雖然有「適遭變革，欲哭不敢」的隱痛，然而他那支顫抖的銳筆還是指向了蹂躪錦繡河山的「驕兵」（具體是指土國寶率領的清軍）。他以記實的手法，寫下了《聞聖壽寺遭驕兵所躪》等詩，表達出自己對清軍屠毒蘇州地區暴行的憎恨。他以比興的手法，寫下了《甲申秋興》一類的詩：

蝦蛆先死大魚饑，惟有螃蟹日彭亨。

先生破鈔買蟹吃，怪他著甲能橫行。

在苦澀的幽默中抒發了自己對著甲橫行的清軍的憤慨和蔑視。

最使金聖嘆痛惜和憎惡的，也許是投降清軍的士林敗類。他們也是「經書滿腹」，也曾「深受國恩」，平日極言高論，以「忠孝」自許，以禮法縛人。而一到危急時刻，卻貪戀富貴，不惜人格，腼顏侍敵。金聖嘆筆鋒之下，決不能放過這種人。《湘夫人祠》：

姊妹復何在？蟲蛇金與親；未必思公子，虛傳淚滿筠。

詩後特意註明：「刺亡國諸臣」。「蟲蛇金與親」，描摹他們腼顏拜敵的醜態；「虛傳淚滿筠」，揭露他們忘卻敵國的心理。態度之明確，筆鋒之銳利，表現了他慣常的風格。

金聖嘆的支離病體沒有彎曲下來，雖然暫時沒有了往日的狂放。

## 絕意仕進

無論漢族士民怎樣反抗，怎樣悲號，滿清八旗的鐵蹄還是踏遍了慘綠愁紅的江南大地，清王朝還是迅速地建立起來，並且還帶來了一種異樣的生氣。絕大多數漢人，不得不站在自己的社會地位上，本著個人的人生態度，考慮如何在異族人所建立的新政權下生活。

爲了緩和民族矛盾，鞏固新的政權，滿清統治者也不得不採取一系列籠絡漢族官紳，吸引漢族讀書人的重要措施，比如「祭祀先師孔子」，重用降清漢官，選拔故明官吏，徵擢「隱跡賢良」之類。與此同時，還以更多的力量恢復科舉考試。順治二年（一六四五），浙江總督張存仁，看準時機，建議清廷「速遣提學，開科取士，則讀書者有出仕之望，而從逆之念自息」，此乃「不勞兵之法」（《清世祖實錄》卷十九）。大學士范文程，以更老練更深邃的眼光進一步提出，「治天下在得民心，士爲秀民，士心得，則民心得矣，宜廣其途以搜之」（《清史列傳·范文程》）。既能「不勞兵」而息廣大士民「從逆之念」，何樂而不爲呢？於是，這一年開始舉行「鄉試」，第二年舉行「會試」，緊接著又舉行了「殿試」。

這一系列重大措施，尤其是恢復科舉考試，在漢族士民中造成很大的影響。本來，對於隋唐以後的中國古代讀書人來說，科舉考試就是出路，就是歸宿，就是施展抱負的途徑，就是光宗耀祖的時機，就是人生價值的依托。易代之際，社會動盪，科舉廢弛，一些功名心較重的讀書人就不知道政治出路何在，人生價值何托，終日繞室彷徨，苦悶企盼。加之「寇難以來，士子無不破家失業，衣食無仰」，生活無著，許多人更是期待科舉考試帶來個人命運的轉機（《皇清奏議》卷一）。現在清廷終於能夠開科取士，許多人就支撐不住，顧不得氣節名聲，紛紛自泯仇心，自尋理據，整理課業，走進場闈，終於不免露出了窘態與靦顏。王應奎《柳南隨筆》對此有過生動的記載：

鼎革初，諸生有抗節不就試者，後文宗按臨，出示：山林隱逸，有志進取，一體錄用。諸生乃相率而至，人為詩以嘲之曰：一隊夷齊下首陽，幾年觀望好淒涼。早知薇蕨終難飽，悔刹無端練武王。及進院，以桌凳限餘額，仍驅之出，人即以前韻為詩曰：失節夷齊下首陽，院門推出更淒涼。從今決意還山去，薇蕨堪嗟已吃光。聞者無不捧腹。

如果換成今天的眼光，抱著寬容的態度立論，那麼，不管是從安定社會，發展文化的民族大業來看，還是就實現理想，改善生計的個人小局而言，當時下層讀書人出來應試，與降清事仇者不可同日而語，似乎不必一概看作變節行爲。然而當時一些親身參加過抗清鬥爭而又講求氣節，砥礪意志的讀書人，其著名者如黃宗羲、顧炎武、王夫之、方以智等人，則對自己有更高的要求，持有另外一種節操觀和價值觀。他們抗節不屈，拒絕與異族統治者合作，不屑於參加別有用心的考試，寧可隱居山鄉，潛身寺廟，備嚐艱苦，也要保持自己的清白，從事名山事業。金聖嘆沒有投身到血與火的抗戰，也沒有與這些人建立聯繫，但在是否參加清王朝的科舉考試的問題上，他在精神上與顧炎武輩同聲相應。

金聖嘆的家境，從來就不富裕。經過甲申之變、乙酉之變以後，他的生活更是一天比一天困頓，加上一場大病，使他不禁時常有「懸知不死只須臾」（《野行》）的感覺。然而，只要活著，他就不能不關心國事，不能不考慮家事，不能不從事文事。而種種關心、考慮和從事，又使他更加覺得無比艱難。他時而仰天長嘆：

天命真不易，愛恩殊復難。
縱然無戮辱，何以免飢寒！

——《元暉來述得生事一首》

他時而俯首低吟：

今冬無米又無菜，何不作官食肉糜。
鄰舍紛紛受甲去，獨自餓死欲底為？

——《甲申秋興之二》

這是一種發自心靈深處的，沒有任何修飾的吟訴，具有撥動心弦的感染力量。其實，用不著隨人「受甲」，只需要低頭應試，金聖嘆就可以迎來命運的轉機，就可以脫離貧困境，「作官食肉糜」。

然而，金聖嘆畢竟是金聖嘆。生當明朝，他尙且蔑視功名，遊戲科場，珍惜「自由之身」；何況現在是山河變色，故國淪亡，異族入主之後，他爲爭取「自由之身」，過去能夠抵禦功名富貴的誘惑，現在也可以經受「今冬無米又無菜」的考驗。他雖然不能手執干戈，卻也能保持人格。他毅然選擇了另外一條道路，那就是廖燕以讚佩的筆觸在《金聖嘆先生傳》中記載的：「鼎革後，絕意仕進，更名人瑞，字聖嘆。除朋從談笑外，惟兀坐貫華堂中，讀書著述爲務。」趙景深先生說他的更名是「效陶淵明晉亡入宋時的故例」，雖然缺乏直接可靠的證據，倒也不無道理。金聖嘆雖然狂，雖然怪，但在大節上卻是嚴肅的。

## 抒怨憤於草莽英雄

有聲有色的戊戌變法失敗之後，梁啓超憤恨於社會的黑暗，戚怨於人心的蒙昧，特撰《論小說與群治之關係》，闡揚小說的啓蒙作用：

小說者，常導人遊於他境界，而變換其常觸常受之空氣者也。此其一。人之恆情，於其所懷抱之想像，所經閱之境界，往往有行之不知，習矣不察者，無論為哀、為樂、為怨、為怒、為戀、為駭、為狀、為慚，常若知其然而不知其所以然，欲摹寫其情狀，而心不能自喻，口不能自宣，筆不能自傳。有人焉和盤托出，澈底而發露之，則拍案叫絕曰：善哉善哉，如是如是。所謂「夫子言之，於我心有戚戚焉。」感人之深，莫此為甚。此其二。此二者實文章之真諦……

在這一段精彩的議論裡，有西方文學理論的顯著影響，更多的卻是梁任公本人的深切體驗；有鮮明的時代特色，更多的卻是深厚的歷史沈澱。明末對小說《水滸傳》的討伐和禁毀，似乎就是其反面的先聲。

明朝末期，高度集權化的封建政治日益腐敗，社會黑暗，經濟崩潰，民情騷動，統治者更加沒有自信心。皇帝害怕官吏失去忠孝觀念，官吏畏懼民衆接受異端思想。然而，越是沒有自信心的獨裁者，卻偏偏越是急於顯示自己的力量。他們一方面無孔不入地強化特務統治，一方面不擇手段地禁錮民衆思想。而這文武兩手的相互結合，在討伐和禁毁《水滸傳》時表現得最爲充分。先請看崇禎十五年一位頗有眼光的大臣左懋第要求禁毁《水滸傳》的題本：

諸賊以梁山為歸，而山左前此蓮妖之變，亦自鄆城、梁山一帶起。臣往來舟過其下數矣，非崇山峻嶺，有險可憑。而賊必因以為名，據以為藪澤者，其說始于《水滸傳》一書。以宋江等為梁山嘯聚之徒，其中以破城劫獄為能事，以殺人放火為豪舉，日日破城劫獄，殺人放火，而日日講招安，以為玩弄將吏之口實。不但邪說亂世，以作賊為無傷，而如何聚衆豎旗，如何破城劫獄，如何殺人放火，如何講招安，明明開載，且預為逆賊策算矣。臣故曰：此賊書也。……《水滸傳》一書，貽害人心，豈不可恨哉！

體驗之眞切，說明之具體，眞能使人「拍案叫絕曰：善哉善哉，如是如是」，因此，四月題本，六月間新的禁令就出來了：「凡坊間家藏《水滸傳》並原版，盡令速行燒毁，不許隱匿。仍勒石山巓，垂爲厲禁」（朱一玄《明清小說資料選編》）。

中國多數的老百姓，有時也眞的具有中國特色，對他們進行思想啓蒙是非常之難，而實施厲禁則比較容易。朝廷禁令幾度頒發，不儘一般文人對小說之類的俗物邪書更加不屑一顧，不置一評，而且許多人家還立下家規，明令子弟不得閱讀和議論《水滸傳》一類小說。然而，就在這樣沈重的文化氛圍裡，就有少數奇人，本著自己的獨特體驗，敢於頂逆風，顯傲骨，公開評點《水滸傳》，大力宣揚《水滸傳》。其中最著名的，在李贄之後，便是金聖嘆。

金聖嘆明明知道，在朝廷大張榜示、明令禁毀的時候，刻印、售賣《水滸傳》是犯法的，保藏、閱讀《水滸傳》是有罪的，他一介書生，窮居底層，爲什麼一定要評點《水滸傳》而加以宣揚呢？近五十年來，研究者對此種種推測和爭論，讚揚者以爲是「同情和歌頌農民革命」，批判者以爲是「仇恨和反對農民革命」，彷佛金聖嘆是只有政治使命的鬥士而不是自負個性的書生。他被曲解爲要麼是自覺地捍衛「封建王朝」，要麼是自覺地宣揚「農民革命」，而不能是本著自己對現實社會，對傳統文化，對文學藝術的獨特體驗，抒發怨憤，寄托嚮往，傳達人生經驗，表現審美趣味。金聖嘆地下有知，即使沒有改變生前的狂放，也還是要敬謝不敏的。

其實，在這裡，我們首先只需要記住：第一、作爲一位胸有拂塵、眼光奇特的文學家，金聖嘆以爲「天下之文章，無有出《水滸》右者」，因而評點《水滸》就是他一生的大事業，一生的精神寄託。第二、作爲一位性格狂放，敢愛敢恨的讀書人，金聖嘆是要借《水滸》之酒杯，澆自己心中的塊壘，透過草莽英雄抒寫自己對社會的怨憤，透過《水滸》文章表達自己對藝術的認知。至於其它種種，都是由此生發的，可以慢慢地去品味。

## 寄深意於才子佳人

在中國文化史上，有一種奇趣洋溢，引人深思的現象：每當社會轉型，皇權中衰，禮法危機之時，總會爆發崇禮教還是尊性情的爭論。比如，在魏晉時期，嵇康勇敢地提出：「越名教而任自然」（《釋私論》）；王戎坦誠地宣稱：「情之所鍾，正在我輩」（《世說新語·傷逝》）。在晚明時代，張潮從宇宙本體高度指出：「情之一字，所以維持世界」（《幽夢影》卷下）；馮夢龍從人生哲學的角度強調：「生生而不滅，由情不滅故」（《情偈》）。諸如此類，都是在不同時代裡主張尊性情的士大夫們反對崇禮法的宣言。在這樣的宣言裡，湧動著生命意識的源泉，激動著個性解放的吶喊。因而轉化為一種力量，衝擊著禮法，滌蕩著虛偽。

這種尊性情的主張，如果說，在魏晉時期是融進了別具魅力的「魏晉風度」；那麼，在晚明時代則是注入了俗世之美，包括那種情節跌宕的敘事文學。晚明時代具有啓蒙思想的新派文學家們深信：「情也者，文之同命也」（吳從先《小窗四記》）；「從來性情之郁，不得不變而為之詞曲」（馮夢龍《太霞新奏·序》）。因此，他們特別強調小說戲曲作者要進入角色，設身處地體驗人物的內心世界，將自己化為書中人，劇中人，從而賦予人物以血肉之軀和豐富的情感。用戲曲家孟舜的話來說就是：「學戲者，不置身場上，則不能為戲；而撰曲者，不化其身為曲中之人，則不能為曲」（《古今名劇合選·序》）。撰作戲曲者如此，表演戲曲者是如此，評論戲曲者也應該是如此。

其實，在晚明時代，主張「從來性情之郁，不得不變而為之詞曲」，因而立意追求一種「化其身為曲中之人」的陶醉式的藝術境界的，並不僅僅是戲曲撰作者、戲曲表演者和戲曲評論者，而且還有更多更多，成千上萬的戲曲觀賞者，其中包括廣大的市民群衆。雖然觀賞者們往往缺少理論的自覺，但總是洋溢著可貴的熱情。這是由當時的社會文化條件促成的。明代自嘉靖年間以後，社會物質與文化需求迅速增長，各種文化娛樂活動隨之蓬勃興盛起來。在諸多文化娛樂活動中，看戲聽曲是社會各個階層的共同愛好。每逢過年過節，或遇慶祝祈禳等事，地方上總要演戲，萬人空巷，觀者如雲，男女相雜，紳民共處。這成千上萬的觀賞者，是戲曲的最權威的評論家，是戲曲撰作者、表演者最要尋覓的知音，是戲曲事業的最有力的推動者。他們總是樂於在戲曲人物的內心世界裡獵奇探險，不僅常常「化其身為曲中之人」，而且有時還「化曲中之人為其身」《廈門志》卷十五的一則記載：

廈門前有《荔鏡傳》，演泉人陳三誘潮婦王五娘私奔事。淫詞醜態，窮形盡相，婦女觀者如堵，遂多越禮私逃之案。

金聖嘆就是在這樣的社會文化環境裡成長起來的戲曲觀賞者、戲曲評論家。早在兒童時代，他就開始懷著極大的興趣偷偷閱讀《西廂記》，並且沈醉其中。一次讀到《酬韻》之「他不睬人待怎生」七字，竟然不能自已，「悄然廢書而卧者三四日」。成長以後，他更是帶著獨特的人生體驗，帶著獨到的藝術眼光，帶著從李卓吾，湯顯祖、馮夢龍那裡繼承下來的尊性情的主張，帶著對封建禮法的反感，對冬烘先生的嘲笑，對青年男女追求愛情的理解和同情，帶著一肚子的不合時宜，研讀《西廂記》，與《西廂記》的作者王實甫對話，與《西廂記》的人物張君瑞、崔鶯鶯、紅娘、惠明談心，因而有了獨特的感受，獨到的領悟，深信「《西廂記》不同小可，乃是天地妙文。自從有此天地，他中間便定然有此妙文。不是何人做得出來，是他天地直會自己劈空結撰而出」（《讀第六才子書西廂記法》）。為了與當世之人、後世之人共同分享王實甫的天地妙文，共同分享自己的獨特感受，共同分享才子佳人的反抗虛偽禮教，追求純眞愛情的憂愁與快樂，他決定評點《西廂記》。

金聖嘆對《西廂記》的評點，開始於壯盛之年，完成於垂暮之歲，到順治十三年（一六五六年）成書，這是他一生主要的業績之一。他所經歷的曲折，所寄託的深意，所達到的境界，所獲得的成功，融注了他的心血，融進了他的生命，值得我們認真探討，仔細品嚐，逐步領悟。

## 天地之大，誰是知音

無論是以《水滸》之酒杯，澆胸中之塊壘，還是借《西廂》之酬簡，抒內心之嚮往，金聖嘆的評書著書，都是他審美的體驗，精神的寄託，價值的表現。他不能不著書評書，正如他不能不飲酒吃飯。他的生活已經評書化了，他的評書已經生活化了。他的好友徐增在《天下才子必讀書序》中，對他的這種評書化了的生活有過真實而生動的描寫：

> 聖嘆性流宕，好閒暇，水邊林下，是其得意處。又好飲酒，日輒為酒人

邀去，稍暇，又不耐煩。或興至評書，奮筆如風，一日可得一二卷，多踰三日，則興漸闌，酒人拉之去矣……

董西廂評十之四五，散於同學篋中，皆未成書……同學諸子，望其成書，百計慫恿之，於是刻《創義才子書》，歷三年，又刻王實甫《西廂》應坊間請，正二月，皆從飲酒之暇，諸子迫促而成者也。

到了順治十六年，金聖嘆由於深感「人生一世，草生一秋。嗟乎！意盡乎言矣。夫人生世間，以七十年爲大凡，亦可謂至暫也。乃此七十年也者，又夜居其半，日僅居其半焉」（《水滸》十四回總評），因此一改往日作風，閉門評書，手不停揮，一如徐增所描寫的：「乙亥評《唐才子書》，乃至鍵戶，梓人滿堂，書者腕脫」（《天下才子必讀書序》）。

書是評好了，著成了，流傳開來，影響開來了。但反應不一：有人讚揚，有人詆毀；讚揚者多爲下層文人，詆毀者則更具身份。金聖嘆感受到了種種了不公正批評的壓力。在四十一歲時他就感嘆：「其書一成，便遭痛毀，不惟無人能讀，乃至反生一障」（《隨手通·南華字制》）。在五十三歲時他更加憤怒：「我輩一開口而疑謗百興，或云立異，或云欺世」（《葭秋堂詩序》）！金聖嘆不會「欺世」，卻敢於「立異」，立封建禮教之異，立傳統觀念之異，立人生理想之異。他並不懼怕批評和誹謗，卻不願意得不到理解和喝彩。天地之大，誰是知音？他在自問，他在呼喚。

意想不到的事情發生了，「順治庚子正月，邵子蘭雪從都門歸，口述皇上見某批才子書，諭詞臣」此是古文高手，莫以時文眼看他，等語，家兄長文具爲某道：（《春感》八首自序）。這位順治皇帝，雖爲滿人，卻對漢文化有較深的造詣，喜歡並且善於籠絡大江南北的知名文士。比如，江都吳綺，以傳奇受知於他，「奉詔譜《楊繼盛傳奇》稱旨，即以楊繼盛之官官之」；蘇州尤侗，以《怎當他臨去秋波那一轉》制義以及《讀離騷》樂府流傳禁中，受知於他，不僅評爲「才子」，而且放入翰林，擢爲侍講（均見徐珂《清稗類鈔》）。現在，這位皇帝又讚賞自己所批的才子書，金聖嘆不由得「感而泣下」。他由此想到：「何人窗下無佳作，幾個曾經御筆評！」一種知己感，知遇之恩，猛地湧上心頭。他由此產生幻想：「半生科目沈山外，今日長安指日邊，借問隨班何處立，香爐北上是經筵」，可以與同鄉尤侗比肩了（均見《春感》八首）。

然而，幻想只是幻想。既然自己借草莽英雄而抒發的主要是對社會的怨憤，借才子佳人而寄托的主要是對個性解放的呼喊，金聖嘆就不應該指望會因此而改變自己的現實命運。須知，怨憤的情緒越大，呼喊的聲音越高，現實的命運就會越是坎坷。

清末學者邱煒萲在《菽圓贅語》中，曾對金聖嘆與尤西堂（侗）的才情、事業與遭際加以比較，在比較中概括了金聖嘆的現實命運：

吾今更有觸及聖嘆一事。大西堂之才，孰與聖嘆妙？即至阿好，當不敢謂西堂優於聖嘆。西堂才子，聖嘆才子；西堂名士，聖嘆名士；西堂勝代遺逸，聖嘆勝代遺逸；西堂以諸生譽滿國門，聖嘆以諸生稱遍天下。而其後西堂以戲作《西廂》八股，流傳禁中，天子宣取其全集；偶然下第，懷憤譜《鈞天樂》曲本，聖言喜怒，且為轉移。真才子，老名士，親受兩朝玉音寵錫。以一窮走朔方，老就丞倅之人，忽而廷推剡荐，上試明光，膺錄館職，與修明史，繼季西涯之後，成前朝新樂府，為一代作家，其遭際亦極文士之隆矣。北轍南轅，揚鑣分道。後此之聖嘆，長年困青氈，對佛火，參禪揮麈，領略道人況味。達官貴人，因學交舊，遠見而卻避曰：「是狂生，不可近。」徵辟無聞，出遊無資。積年成世，嘔心耗血，所評讚選輯之莊、騷、馬、杜各手稿，無力自鋟，塵封連屋，身後隨風散滅；惟五、六兩才子小說，以其可以銷售漁利，始得書賈出資任刊。然壟斷者他人，著書者作嫁，取為救貧之一策而已。余則兩三篇社課八股文，亦為揣摩家作福，於自己正經學問名譽上，不曾增得些許榮光。苟非順治辛丑歲，為邑人公義，上訐墨吏，激昂就死，無識者不幾何以一輕薄文士了之耶！

作爲一位富有獨立精神、創建了文評勝業的文學家，金聖嘆竟然既不能以自己的文章詩賦博取「經筵」上的一角之地，又不能以自己的文學批評贏得當世之人普遍的理解和認可，而必須以在「哭廟」風潮中「激昂就死」的行爲來洗刷

「無識者」強加的「輕薄文士」的惡名，這是他人生的悲哀，也是中國傳統文化的悲哀！

## 哭廟風潮起

使金聖嘆拍案而起，激昂就死的「哭廟」風潮，作為清初「通海」九大要案之一，有其特定的社會背景和政治涵義。

順治年間，滿清八旗鐵蹄可以挾戰勝之威，一舉踏碎南明小王朝的殘夢，但在正氣凜然、鬥志昂揚的鄭成功抗清大軍面前，卻不得不停住了腳步。幾個回合下來，滿清統治者就淸楚地認識到：「海外之難平，皆因內地之人運糧餉，資軍裝，為之接通耳」（楊鳳苞《秋室集》）。於是他們採取了三條重要措施：一是將沿海數千里的居民，一律內徙四十里，夷其田廬，片帆不得入水；二是額外加重江南賦稅，並責令地方官嚴行考比，既要切斷鄭成功大軍的物資補給線，又要充實南下清軍的糧餉；三是取締三吳士人的社盟，並且禁止他們集會，以免與鄭成功等遙相呼應。顯然，這三大戰略措施，為的是一個戰略目標：斷絕鄭成功抗清大軍與漢族民衆的各種聯繫，從而使之瓦解；加強滿清政權在江南的統治，從而使之鞏固。

在江南，最賣力地實施滿清王朝上述三大戰略措施並不惜屢興大獄的地方官員，是江蘇巡撫朱國治和吳縣縣令任維初。因爲他們二人正好都具備剛愎自用、貪墨成性的基本素質，很容易上下一致，狼狽爲奸，創造性地執行上面的戰略措施。於是，一幕幕嚴行考比的悲劇和典守自盜的醜劇由他們攜手上演了。據吳縣諸生哭廟風潮的目擊者顧公燮在《丹午筆記·哭廟異聞》中的記載：

順治十六年，江蘇巡撫朱國治涖任，蘇郡大荒，混名朱白地。凡紳衿欠糧者，不論多寡，一概奏請褫革，名曰「奏銷」。紳士繼黜籍者萬餘人，被逮者亦三千人。鋃鐺桎梏，徒步赤日黃塵中。

董含《三岡識略》亦云：

巡撫朱國治強愎自用，造欠冊達部，悉列江南紳衿一萬三千餘人，號曰「抗糧」，既而盡行褫革，歲本處枷責，鞭扑紛紛，衣冠掃地。如某探花

（按：即葉方藹）欠一錢，亦被黜。民間有探花不值一錢之謠。

這就是漢軍正黃旗出身的巡撫朱國治，這就是朱國治對清廷三大戰略措施的具體執行。「衣冠掃地」，探花尚且不值一文錢，普通百姓所受的苦難可以由此推知。在他的教唆和支持下，任維初更有出色的表演。《丹午筆記·哭廟異聞》記云：

（任維初）回署升堂，開大竹片數十，浸以溺，示人曰：「功令森嚴，錢糧最急，考成殿最，皆繫於此。凡國課不完者，日日候比，不必以三、六、九為期也。」初二日晚間，即出堂比較，欠數金者責二十，欠三星者亦如之。責稍輕，反責隸。有痛而號呼者，則怒，令隸扼其首，必使無聲。故受責者皆鮮血淋漓，俯伏而出。不能起立。自是以後，代杖者逡巡不敢上。鄉民踐更者，皆自詣公庭。居無何，而一人杖斃矣。合邑之民，無不股栗。

大凡一個官員，如此暴虐殘忍，就不會僅僅滿足於完成專制朝廷下達的政治經濟任務。他們還要層層加碼，從中撈取個人的私利。朱國治、任維初就是這樣的東西。據《研堂見聞雜記》載錄：「吳縣縣令任某者，素貪穢，郡人惡之。至是複以漕米偏糶易金，以飽撫臣朱國治。」而其具體細節，則如《丹午筆記·哭廟異聞》所記載的：

十八年正月初旬，維初入常平倉。每石倉米，取七升三合。……所得三千餘石，付縣總（按：應為「倉總」）吳行之出糶。當是時，即三尺童子皆懷不平，而朱撫正起奏銷案獄。於是，諸生倪用賓等有哭廟之舉矣。

所有這些，就是吳縣「哭廟」風潮湧起的特定社會背景。撮其要點，大致有三：一是滿清朝廷的根本戰略目標和三大戰略措施；二是實施此措施過程中產生的官府追索錢糧與紳民抗納錢糧的嚴酷抗爭；三是地方官員上下勾結，典守自盜，激起民衆的無比怨憤。順治年間，這種種矛盾和抗爭是普遍存在的，但在江南經濟命脈之區，人文薈萃之地，它們就顯得更加尖銳激烈，更加難以調和。所以明清史學專家謝國楨先生在《明清之際黨社運動考》之〈附錄四：記清初通海案〉中，把吳縣「哭廟」案作爲清初通海九大要案之頭等大案加以論述：

其九案之中最著者為吳縣之獄。據《辛丑紀聞》：大抵因清初兵餉之難完，皆由蘇屬之抗納，而吳縣為尤其。新令任維初，目擊舊官皆以未完納降革，嚴行考比，迨世祖上賓，遂有諸生倪用賓、沈玥、金聖嘆等哭廟之舉，大吏遂挾以通海之嫌，釀成大獄。

一場震撼江南大地的「哭廟」風潮，就在這樣的社會背景下湧起了。其實際過程，其政治涵義，都應該從這一角度去理解。

## 挺身赴難去

吳縣「哭廟」風潮，舊稱「哭廟案」，牽動了千百民衆，震撼了大江南北，因而許多親歷者、目擊者、受牽連者和修史者，皆從不同的角度留下了關於這一事件的記載，雖然具體情節不無小異，但基本事實卻是相當清楚。其實際過程大致如下：

順治十八年（一六六一）二月初一，順治皇帝愛新覺羅·福臨因患天花而去世。這是滿清入關後的第一個皇帝「駕崩」，所以震動特別大，儀禮也特別隆重。除了京師王公大臣朝夕哭臨如儀外，還規定：「詔至各省，長官率屬素服出郊跪迎入公廨。行禮、聽宣、舉哀同。服二十七日除，命婦亦如之。軍民男女十三日除。餘俱如京師」（《清史稿．禮志》）。哀詔頒至蘇州後，巡撫朱國治等既要表示忠心，又要避免失禮，於是戰兢惕厲，在府堂設幕，率大小官員器臨三日，並且禁止婚樂，禁止集會。

然而，剛剛被八旗鐵騎征服的江南百姓，只是飽嘗了官府的鞭撻，卻沒有沾溉到皇家的恩典。順治皇帝的死，實在不能使他們流出可以用來「哭臨」的淚水。他們胸中湧動的，恰恰是對朝廷命官任維初嚴行考比的怨憤和典守自盜的憎惡。長時間以來，他們呼天不應，叫地無門，現在順治皇帝大喪，大小官員都來哭臨，這是否是一個告發的機會？吳縣的老百姓是這樣想的，吳縣的一百多位秀才亦如是想。讀聖賢書，所學何事？就不能為民請命？更可況，他們早就有一個組織群衆，抒發意見，與官府作合法抗爭的傳統形式，那就是顧予咸在《雅園居士自叙》中指出的：「吳中故事，諸生事不得直，即作卷堂文，以儒冠裂之夫子廟廷，名曰『哭廟』」。現在，經過激烈的議論，他們決心趁此機會，運用傳統的「哭廟」抗爭方式，當衆揭發和抗議知縣任維初的種種罪行，爲民請命。

就在官員們「哭臨」的第三天，二月初四日，吳縣諸生金聖嘆等一百多人，在倪用賓的率領下，一面散發揭露任維初各種罪行的揭帖（傳單），一面前往文廟，鳴鐘擊鼓，撕裂儒冠，放聲大哭。隨即又開赴府堂，「維時相從而至者且千餘人，號呼而來」，聲震長街（《哭廟紀略》）。到達府堂後，正趕上撫臣朱國治、按臣張鳳起、道臣王紀，以及府縣官員暨郡中縉紳、孝廉都在那裡。這一百多位秀才和一千多位追隨他們的百姓們，「環聚於龍馭之前訴縣令不法狀」，並向朱國治等「跪進揭帖」（《研堂見聞雜記》），群情激憤，聲勢凌人。朱國治等一貫作威作福，幾曾見過這等陣勢，大驚失色，「叱左右擒獲。衆懼，嘩然作鳥獸散。其被獲者止十一人」，金聖嘆等在混亂中走脫。與此同時，朱國治也拘留了縣令任維初和倉總吳行之，並委派道臣王紀負責審訊此案（見《哭廟紀略》、《蘇州府志》）。

風潮在繼續發展。本著一貫的狂怪精神和行事風格，暫時得以脫身的金聖嘆當然不會在關鍵時刻畏縮不前或俯首。他要運用自己的文才和影響喚起更多的人參加抗爭，以抗議官府鎮壓諸生的暴行，以營救被捕的同志。他當天晚上去串聯張涵西，據吳翌鳳《東齋脞語》記載：

張涵西先生函，鍛亭父也。一日堂上召乩，聞叩門聲甚急。問仙：「云何？」乩判：「有奇禍！有奇禍！不可開！不可開！」十二字。久之，叩者方去。偵之，則聖嘆糾往哭廟也。後在事者皆坐大辟。

金聖嘆沒有氣餒，繼續串聯。他去了號稱「俠骨世無倫」的丁觀瀾家，告知他其兄丁觀生被捕的消息。當時丁觀瀾正迷信術士推測他百日之內有「血光之災」的讖語，早已杜門不出。但一聽說兄長被捕，激於義憤，捲袖而起，不顧利害，不顧妻子的哭勸，當晚逕自隨金聖嘆去商量下一步抗爭策略。金聖嘆又撰寫了〈哭廟文〉。第二天，金聖嘆、丁觀瀾等懷著前撲後繼的氣概，又去「哭廟」，結果雙雙也被逮捕。

與此同時，在蘇州官府裡卻悄悄上演了又一幕醜劇。平時，任維初杖斃欠糧之人，盜賣國庫之米，目無法紀，膽大包天，從來沒有害怕過，因爲他背後有巡撫朱國治的支持；現在他卻害怕了，因爲以他積多年的官場經驗，深知丟卒保車以「挽回影響」的利害。他急中生智，想出了一個保全身己的高招，逢人就說：朱撫院要我銀子，故此糶糶（《蘇州府志》）。他這裡稍露口風，朱國治那裡就心虛膽怯，不能不「愼重考慮」、「研究研究」了。

朱國治經過反覆地考慮和研究，終於作出了很有政治水平的決斷。他一面塗改道臣王紀的審訊記錄，一面暗示任維初在口供裡「高抬年月」，「使其立於無過之地」，從而爲保護自己而保護了任維初，連反省都不用了。既然袒護被告，自然要壓制原告，然後，他又運用政治鬥爭中的「上綱法」，大肆歪曲事實眞象，參奏「哭廟」諸生三大罪狀：一爲震驚先帝之靈，罪大惡極；二爲聲言扛打朝廷命官，目無朝廷；三爲書寫匿名揭帖，鼓動民衆鬧事，違反律令。這也就是《蘇州府志》記載的：「朱遂以諸生驚擾哭臨，意在謀叛具疏」。

二月二十一日，朱國治歪曲事實的奏疏送到京師。恰巧這時又有金壇「叛逆」、鎭江「失事」等大案發生。在滿清統治者的感覺中，整個江南大地似乎都在搖晃，鄭成功的旗幟似乎又在各地飄起。清廷慌忙決定：將吳縣「哭廟」與金壇「叛逆」、鎮江「失事」等九項案子，作爲「通海」亦即裡通鄭成功的大案，一併在江寧會審，並派遣侍郎葉民等四名高級官員專程前往江寧參加會審。會審的結論是：「看得秀才倪用賓等平時不告知縣任維初，當遺詔方到，輒糾群集黨於舉人公所要打知縣，跪進揭帖，鳴鐘擊鼓，招呼數千人，搖動人心倡亂，殊干國法」（《哭廟紀略》）。

就這樣，一場轟轟烈烈的「哭廟」風潮，終於被淹沒在血泊之中了。倪用賓、金聖嘆等一批風流儒雅的秀才們，經受著火的煉獄。

## 最後的幽默

熟悉中國國情的人都知道，歷代專制統治者對於深受壓迫之際敢於提出抗議、敢於發出吶喊的讀書人，一貫是顧不得用僞善的面具遮蓋自己猙獰而卑怯的面目的。因爲，在他們看來，那富於理性、富於民主精神的抗議之聲和吶喊之聲，在民衆之中最有感召力、最有鼓動力，是最可怕的敵人，必須用消滅肉體的方法盡快制止它們的傳播。順治十八年四月的江寧會審，就充分暴露了清初專制統治者在敢於抗議、敢於吶喊的一群讀書人面前所特有的凶殘與卑怯。

先看顧予咸《雅圓居士自叙》中的記載。看顧予咸是在籍的吏部員外郎，「哭廟」風潮興起時他正在故里養病。參加「哭廟」活動的秀才薛生等曾經找到過他，呈上揭帖，希望他能理解和支持「哭廟」行動。他明確拒絕，並將秀才們呈送的揭帖丟到地上，看也不看。然而，巡撫朱國治仍然在奏疏中誣告他是「哭廟」事件的幕後策動者，於是被捕入獄，受盡酷刑：

「有獄卒持大鏈，盤及松交（予咸）之首，重不可舉，艱苦備嘗。（後予咸既釋），令左右去項上鐵索。時當盛暑，汗流積項成膏，腐滿鐵索，其苦有不忍言者。」

對於一位在籍官員、嫌疑犯尚且如此，對於作爲本案正犯的秀才們，更是可想而知。請看《哭廟異聞》、《辛丑紀聞》、《哭廟紀略》諸書記錄下來的一組鏡頭：

四月二十七日，丁子偉、金聖嘆拘至省。……子偉、聖嘆至，見四大人，各兩夾棍，打三十板。聖嘆口呼先帝，四大人怒曰：「今上初即位，何得更呼先帝以詛皇躬耶？」掌二十，下之獄。

此時此刻，金聖嘆之所以「口呼先帝」，大約是因爲剛剛成爲「先帝」的順治，曾經閱讀過他撰寫的書評，並稱讚他是「古文高手」，使得一向「狂怪」的他也如獲「知遇之恩」；現在「口呼先帝」，也是發洩對「今上」的不滿——這正是中國讀書人心靈深處的可悲之點。但這也成爲了新的罪過，被上綱爲「以詛皇躬」，其結果在三十大板之餘再加「掌二十」。

然而，金聖嘆畢竟是金聖嘆，他有奇氣，有傲骨，眞超脫，眞風流。正因爲如此，他在明末敢於遊戲科場，侮弄考官；他在清初敢於拒不應試，不受籠絡；在現在，他也就能夠直面酷刑，臨難不苟。他熱愛生活，熱愛事業，但更重視節操，重視精神；他渴望生還，再度執筆評書，但也準備赴死，爲百姓高揚正氣。早些年，在閱讀和評點杜甫詩作的時候，他就反覆慨嘆：「君子處艱難之會，殺身成仁，其正也」！並且清醒地認識到：「艱難之及，免者幾人？」他深深地知道，此時此刻，無論有多少冤屈，有多少不平，有多少悲憤，有多少留戀，都是自己應該從容赴死、殺身成仁的時刻。他寫就〈與家人書〉：

殺頭，至痛也！籍沒，至慘也！而聖嘆以無意得之，不亦異乎？若朝廷有赦令或可相見；不然，死矣！

——《辛丑紀聞》

一句「不亦異乎」，是聲明自己無罪；一句「無意得之」，卻流露出了特殊的幽默。然而，他眞的「死矣」！

人之臨危，橫刀躍馬，肝腦塗地，死的悲壯，很難；奮起罵賊，吭斷聲絕，死的忠烈，很難；舔血斂氣，透出幽默，死的瀟洒，同樣也很難。金聖嘆的死，就表現出了眞正的超脫與瀟洒。

關於金聖嘆的死，有各種傳說和記載，比較可靠的至少有兩種。一是《清朝野史大觀》記錄的：

金聖嘆文章詞賦流播海內者，早已膾炙人口。茲錄其臨難時之口賦七絕一章，可以想見先生之博學矣。詩曰：

天公喪母地丁憂，萬里江山盡白頭。

明日太陽來作吊，家家檐下淚珠流。

「天地丁憂」、「江山白頭」、「太陽作吊」、「家家淚流」，抒寫的既是蒙受大冤的怨憤，也是從容赴難的奇氣。一是《清稗類鈔·譏諷》記錄的：

金人瑞以哭廟案被誅，當棄市之日，作家書付獄卒寄妻子。獄卒疑有謗語，呈之官。官啟緘視之，則見其上書曰：「字付大兒看。鹽菜與黃豆同吃，大有胡桃滋味。此法一傳，吾無遺憾矣。」官笑曰：「金先生死且侮人。」

揭露黑暗，卻入羅網；爲民請命，竟得死刑。從此以後，不能繼續揮筆評書，不能繼續長歌飲酒，不能繼續笑伴親人，當此棄市之日，感慨何止萬千！然而，最後爲親人作出留言，卻只談鹽菜與黃豆同吃大有胡桃滋味，以至連構人以罪的官兒們也深深感覺到「金先生死且侮人」。這就是金聖嘆式的死法，這就是金聖嘆式的幽默。歷數古代文人，也許只有蘇東坡才有這樣的幽默。

## 歷史的情意

金聖嘆曾經感嘆：「人生一世，草生一秋。嗟乎！意盡乎言矣。夫人生世間，以七十年爲大凡，亦可謂至暫也。乃此七十年也者，又夜居其半，日僅居其半焉。抑又不寧惟是而已，在十五歲以前，蒙無所識知，則猶擲之也。至於五十歲以後，耳目漸廢，腰髖不隨，則亦不如擲之也。中間僅僅三十五年，而風雨占之，疾病占之，憂患占之，飢寒又占之」（《水滸》十四回總評）。因此，他口不絕吟，手不停揮，獨辟蹊徑，批書著書；以特殊的方式品評古人，譏諷當今，激揚文字，創立新學，論證至性即爲天人，倡言呵護自由之身，高呼大君要放人出頭，刺破禮法，掃除迂腐，努力啓蒙，直到最後爲百姓請命，爲正義吶喊，爲後世留下宏大的小說批評事業、戲曲批評事業和耐人尋味的幽默。作爲一介窮儒，一個普普通通的讀書人，他對中華文化歷史懷有深厚的情意，他爲中華文化歷史作出了自己的貢獻。

歷史老人是最公正的。他不畏懼暴君，也不遺忘平民；他不受人世間權勢的左右，也不受欺騙歷史者的欺騙。即使對於一介書生如金聖嘆者，歷史老人也沒有忘記他作出的貢獻，也對他寄託了深厚的情意。

金聖嘆、倪用賓等十八名秀才殉難之後，蘇州人民感激他們、懷念他們，專門爲他們立祠，時時予以祭祀。《吳縣縣志》記載：「十八人祠在陽山，祀淸初哭廟案金喟等。初，民因避禍，詭稱曰馬王廟」。而俞鴻籌《沈吟樓詩選・讀後記》中有更詳細的記述：

十餘年前，張仲仁──麟撰《陽山十八人祠記》謂：「蘇州滸關陽山東麓，有土地廟，塑像十八人，衣冠各異。故老相傳，即哭廟案中同難者之像。」又謂：「哭廟諸生，懷光復明社之志，緹騎搜其家，得《與嘉興友人書》，多不諱語，故借哭廟事以罪之。」

老百姓紀念的方式是古樸了一些，但其眼光是敏銳的，其態度是鮮明的。其情感是眞摯的。也許正因爲老百姓公正，才是歷史老人的公正。

「哭廟案」的血跡還未消散，就有許多人悄悄以詩文的形式予以評論，譴責殘暴的贓官，悼念無辜的烈士，探討事件的影響，爲後人留下了眞實的聲音。其中較有代表性的是顧公燮和他的《丹午筆記·哭廟異聞》。他先是直抒胸臆：

亥子之交，（金聖嘆）方從事於杜詩，未卒業而難作。天下惜之，謂天之忌才至於如是。然此案已載入志乘，以雪諸生之冤。則此十七人者，固可因聖嘆先生而傳，又可因志乘而十八人相與並傳不朽矣。

最後又錄其「留大父」之詩，再三致意焉：

巧將漕米售金銀，枉法坑儒十八人。
天道好還君不悟，笪橋流血濺江濱。
禍深縫掖豈無因，節鉞東南密網陳。
竊得官儲輸莫狂，還君印綬殺君身。

——嘆任維初也

觀瀾俠骨世無倫，哭廟焉知遂殺身。

縱酒著書金聖嘆，才名千古不沈淪。

——嘆朱國治也

——吊十八人也

格外有意思的是，這位顧公燮還懷著特殊的心情，著意記載了「哭廟案」中迫害儒生們的贓官的下場：

越明年，朱撫調去，代之者韓公心康，諱世琦，以別案亦斬任維初於江寧之三山街。朱國治後撫雲南如故操，癸丑（康熙十二年），吳三桂反，以克減軍糧，將士積忿，乃臠而食之，骸骨無一存者。

看來，顧氏祖孫是抒寫了民衆的心曲，也傳達了歷史老人的聲音。金聖嘆「才名千古不沈淪」，已經爲中國三百年的文化發展史所證實；「又可因志乘而十八人相與並傳不朽矣」，也不再只是同情者的願望。至於贓官們的下場是不是「惡有惡報」，當然還可以留給人們繼續思考。

走向金聖嘆，總希望有一個坐標，能很輕易地給他以定位，是怎麼樣，代表著什麼。如同我們面對基督，他受難，他佈道，卻高貴的單純，我們很容易知道和指出基督是什麼，什麼符合他，什麼違背他。但事實與願望不同，找到生命的坐標，對於金聖嘆，我們無能為力。見諸文字記載的關於他的事跡如此之少，而由這點滴的記載所透露出的關於人的信息又如此之雜。他是什麼樣的人？一個八股秀才？一個酒徒？一個佞佛而又嘲笑和尙的人？個性解放的鼓吹者？一個幽默的智者卻對政治一無所知？政治事件的領袖抑或盲從者？從儒從佛從道的雜家？對於金聖嘆，最明智的態度是保持沈默，退而求其次是顧左右而言他。我從後者，我不知道金聖嘆怎麼樣，我只知道我心中的金聖嘆怎麼樣。

貝多芬在他最後一首四重奏的最後一個樂章開頭幾小節上面也許是開玩笑隨意寫下幾個詞，海倫·加德納以為就是悲劇的本質：「必須這樣？必須這樣。難以做出決定。」一個極具個性的天才們被扼殺在我們看來是令人痛惜的悲劇，但金聖嘆自己卻幽默處之：「殺頭，至痛也！籍沒，至慘也！而聖嘆以無意得之，不亦異乎？若朝廷有赦令或可相見；不然，死矣。」由此可見悲劇是社會的，喜劇在乎自己。

一個人對另外一個人來說似乎是個謎，人們只知道去責備他而不了解他。

寧願不理解而找到你，不要去求理解而找不到你。

# 金聖嘆的人生哲學

# 美是尋找世界和我的方式

## 推開語言，我們靠近美

相傳俞平伯先生給學生們講解李清照《聲聲慢》，一句解疏也沒有，只嘆道：「美，眞美。其餘就說不出來了。」

美是不可言說的。

當語言以概念、邏輯、語法規則表達著世界時，概念、邏輯、語法規則的密封性和自我制約性反過來影響著表達本身的開放、博大和活力。語言的表達永遠追趕不上世界的繽紛，與美的多彩相比，無論多麼繁複的言語永遠是單調、灰色的。語言不能直指世界的內心，不能直指美。以言語去表達美，表達審美的愉悅，只如關在屋裡向外眺望，看到的只是風景的一角，只有打開門窗，置身室外，風景才能和自己融爲一體。打開語言的禁閉而讓心靈走進美，美才成爲生命的一部分，亦如脈搏的跳動，我們切問自己的脈搏而感知自己活著，我們也切問我們是否還有美的愉悅而感知生命的活力。如果我們依賴語言的陳述而呈現美，那麼就像借助他人的手切問我自己的脈搏，只能知道我活著，卻無從了解我的生命原力。

拋開語言，人得以直面世界本身，也得以直面自我。希臘神話中的納喀索斯是在看到自己的容顏，而不是聽到他人誇讚的話，才愛上自己的，「他凝視水流深處自己的眼睛，終於爲自身的美而失去生命」（雪萊《含羞草》）。

《西廂記·鬧簡》批，有一段講拋卻語言之美：

或云，春枝小鳥，雙雙鬥口，卻不是小鳥鬥口；或云，深院回風，晴雪亂舞，卻不是風回雪舞；或云，花拳繡腿，少年短打，卻不是花繡短打；或云，鳴琴將終，隨指泛音，卻不是琴終泛音。我細察之，一片純是光影，一片純是遊戲，一片純是白淨，一片純是開悟。維摩詰室中，天女變舍利佛，一時不知所云。我於此文不知所云。香嚴大師至脫然撒手時，遙望溈山，連說頌曰：「去年貧，未是貧，今年貧，真是貧。去年貧，無立錐之地。今年貧，錐也無」，我於此文錐也無……趙州和尚被人問二龍戲珠，誰是得者。州云：「老僧單管著。我於此文單管著。南家王老師指庭前牡丹花，謂陸亘曰：『大夫，時人看此花如夢相似。』我於此文如夢相似。」

語言的表達總指明著事物是什麼，我們用語詞談論美時，也是在談論「美是什麼」、「美是怎樣」，可實際上眞正的美和審美的愉悅恰是超越「什麼」、「怎樣」的限制的。「春枝小鳥，雙雙門口」是美的，但美就是「春枝小鳥，雙雙門口」這句話及由這句話所指稱、突顯出的世界的一部分情景嗎？不，美恰在這些之外，美是包含在「春枝小鳥」之下的一種生命的潛流，人由於感受到這種潛流而與自我的生命的律動相呼應合一，便愉悅到美了。語言只能指明「春枝小鳥，雙雙門口」是美的，卻無從指明「美是美的」。

語言談論「美是什麼和怎樣」，是規定著美是一種具體的必然，「春枝小鳥」便是「春枝小鳥」，準確、明晰。但美是必然嗎？是準確、明晰嗎？不，美是可能，包含著衆多可能。概念、邏輯、語法規則總慫恿語詞把美變成固定形態，可清晰表達的東西，把衆多可能簡化成一種必然。而放棄語言的表達，是從必然的背後把衆多的可能形態都釋放出來。我們直面美，是面對不定的、變化閃爍的美，即「一片純是光影，一片純是遊戲、一片純是白淨、一片純是開悟」之美，「春枝小鳥」是可指稱的，「一片純是光影」則無可言喻。直面衆多可能性的美，語言當然無所適從，所以金聖嘆對於文章的美，只能借用如禪宗的公案，「不知所云」、「錐也無」，來暗示離捨言語的絮絮嘮叨而以空的心靈把握美了。禪宗講「不立文字」，道家講「得意忘言」，而禪宗、道家的生命哲學和人生態度偏偏正是審美的。

西諺云：「語言破碎處，萬物不復存」，疏離了語言，我們用什麼建構世界?的確，捨棄語言，人類將付出無所歸依的代價，外在世界將無法透過某種途徑進入人類的意識，人類認識不到外在世界，人類將是孤獨的;失去外在觀照確證，人的存在便顯得虛幻不定。然而，美是存在的肯定嗎?審美是外在的確證嗎?捨棄語言，人類將找不到存在的精神家園，但，正是在這漂泊不定的孤獨中，美的愉悅也就產生了。語言和審美是人類走向回歸的兩條路，語言之路太過漫長多歧，人類將難以找到準確的方向或深入；審美之路則直截了當，深入外在世界的內心和人類自我的內心。

不信任語言，人的審美透過感受生命的方式來實現。語言是認識，審美是感受，而且它不是外物投映、刺激——反應的感受，而是去聆聽生命的聲音，找尋生命原力。審美是感受生命之成爲生命，即勃蘭克斯論雪萊所說的「CorCor-dium」（衆心之心），「他所理解和感覺的正是事物至深的內心，是事物的靈魂和精神；他所表達的感情也是那種心靈至深處的內在感情，這種感情使語言相形見絀」。

人類透過語言可以認識和肯定人的存在，而透過審美感受這存在的生命意義，語言則顯得無能爲力。金聖嘆之於美，美之於生命和生命之美的禮讚，是因爲在捨棄語言，「不知所云」、「鎚也無」之後，回到單純的「夢相似」的感受、審美上來，從而獲得找尋存在意義的自信。打破語言的審美，使美纖毫畢露的呈現，美被「單管著」。

## 美是我飛揚不羈的心

大自然的山山水水，永遠那麼神秘。美之神秘。它無言地展現它的色彩、形態、聲響，人們便千百回地感動了。但人們是感動於大自然之可見的色彩、形態、聲響？不僅僅如此，人們更是感動於不可知的神秘，大自然的不可知和能感知這不可知的生命之神秘。

每個人因了自我的情趣、玄思，在與山水的聚精會神地觀照中，找到自我獨特的美。山水之美，是有個性的。王羲之從暮春之初的會稽山陰蘭亭的崇山峻嶺、茂林修竹、清流激湍之中感受到「群籟雖參差，適我無非新」（《蘭亭詩》），宇宙萬物是那樣生生不息，只要用生命去感受它，它便與人的生命息息相通，親和無間，於是在這親和中迸射出人的生命與宇宙生機共同的「生」的歡樂；而同時參與蘭亭集會的曹華以相同之境，感受到了人的生命在自然中的逍遙飄蕩，傲然無所歸依：「願與達人遊，解結遨濠梁。狂吟任所適，浪流無何鄉」（《蘭亭詩》），泛若不繫之舟，從流漂蕩，任意東西，在無所拘束中唱出生命的獨立自由。

人的生命的相異，使山水之美顯現迥然的個性。金聖嘆的生命個性不同於王羲之，少了瀟散沖淡，多了曲折淋漓，如揚雄之評司馬遷，他的性格中頗有「好奇」的成分，所以金聖嘆所喜愛的山水之美是奇幻、險峻。《水滸傳》第四十一回批：

> 夫天下險能生妙，非天下妙能生險也。險故妙，險絕故妙絕，不險不能妙，不險絕不能妙絕也。遊山亦猶是矣。不梯而上，不縋而下，未見其能窮山川之窈窕，洞壑之隱秘也。梯而上，縋而下，而吾之所至，乃在飛鳥徘徊，蛇虎躑躅之處，而吾之力絕，而吾之氣盡，而吾之神色索然猶如死人，而吾之耳目乃一變換，而吾之胸襟乃一蕩滌，而吾之識略乃一得高者愈高，深者愈深。

金聖嘆所愛樂的山水是幽深絕頂，「越變越奇，越奇越駭，越駭越樂」，在生命歷盡險阻，飽受恐懼驚嚇的心理過程中獲得驚心動魄之震撼美。在這些奇險怪絕之處，人的渺小無力暴露無疑，人的怯懦惶恐也紛至沓來，還有孤獨感。而一旦人眞的戰勝上述內在外在種種困擾，心靈的自信與博大也就產生，人確證了自己的生命力，崇高之美便由自我的觀照而投射到宇宙山川，賦予一切廣袤深沈之意味。

發現山水之美源於心靈的律動，而發現山水奇幻之美越發需要一顆靈動飛揚的心。山水色彩的柔和，形態的秀雋，聲響的靜穆，如王維筆下的輞川，安詳和諧中包含著恬退無爲，抑或疲憊苦澀之心——這樣的山水之美是自足的，收縮的，它消解著人的存在，即王國維《人間詞語》中說的「無我之境」。而奇幻、變化無常的山水之美，在色彩、形態、聲響上的變幻不定，激發著心靈的開放、吸納，必須一顆熱血沸騰，能在相反極端之間來回跳躍的心靈才能接受這份非節奏性的不定的奇幻之美。這份美張揚強化著人的存在和參與。

《西廂記·鬧齋》批：

吾友斫山先生嘗謂吾言：「匡廬真天下之奇也。江行連日，初不在意，忽然於晴空中劈插翠嶂，平分其中，倒掛匹練，舟人驚告此即所謂廬山也者，而殊未得至廬山也。更行兩日，而漸乃不見，則反已至廬山矣。」吾聞而甚樂之，便欲往看之，而遷延未得也。……後適有人自西江來，把袖急叩之，則曰：「無有是也。」吾怒曰：「傖固不能也。」後又有人自西江來，又把袖急叩之，又曰：「無有是也。」吾又怒曰：「此又一傖也。」既而人苟自西江來，皆叩之，則言然不然各半焉。吾疑，復問斫山。斫山啞然失笑，言：「吾亦未嘗親見，昔者多有人自西江來，或言如是云，或亦言不如是云。然吾於言如是者，即信之；言不如是者，置不足道焉。何則？夫便廬山而誠如是，則是吾之信其人之言為真不虛也。設苟廬山而不如是，則是天地之過也。誠以大地之大力，天地之大慧，天地之大學問，天地之大遊戲，即亦何難設此一奇，以樂我後人，而固吝不出此乎哉。」吾聞而又樂之，中心忻忻，直至於今。

黃山谷名言：「天下清景，初不擇賢愚而與之遇，然吾特疑端爲我輩設。」

「每一雙眼睛都看得見花紅柳綠，風清月朗，而有幾人能識得它的美？美則美矣，又有幾人識得這美之中包含人的生命的意志、情緒？對於沒有音樂感的耳朵來說，最美的音樂也毫無意義。因爲我的對象只能是我的一種本質力量的確證，它只能像我的本質力量作爲一種主體能力自爲地存在著那樣對我存在」（馬克思《一八四四年經濟學——哲學手稿》）。廬山的奇幻之景與美只爲有「山水之心」的人存在，而這存在是主體自爲般地存在，哪怕從科學之客觀上講它是無有。一般人屑屑計較於客體的客觀眞與假，如果沒有客觀存在的客體，審美對他們而言無從發生。殊不知，審美是返歸自身的，審美的對象是自身，是自身使審美得以發生的本質力量，至於外在客體之有與無，無關緊要。天下山川之美，亦只爲「山水之美」而存在。

「山水之心」，金聖嘆名之「別才」、「別眼」，《西廂記·請宴》批：「然而其胸中之一副別才，眉下之一雙別眼，則方且不必直至於海山方岳，洞天福地而後，乃今始曰：「我且探其奇也」，而吾有以知其奇之所以奇，妙之所以妙，則固必在於所謂當其無之處也矣，……夫吾胸中有其別才，眉下有其別眼，而皆必於當其無處，而後翺翔，而後排蕩。」

拜倫言：「對於我，一切高山是一種感情」，對生命之熱愛，對自然之敬畏，對自由之追求，是「山水之心」的本質。「士奇則心靈，心靈則能飛動，能飛動則上下天地，來去古今，可以屈伸長短，生滅如意，如意則可以無所不如，彼意天地古今之意而不能皆如者，不能自如其意也」（湯顯祖《序丘毛伯稿》），這種飛動，它可以熔解意識中的一切、善惡是非之慮、成敗得失之念、理智邏輯之思，把整個心靈變爲激情浩蕩的海洋，它可以同化感覺到的一切，無論山川、草木，還是世態人情，把整個世界化爲無限廣闊的我的心靈（參見成復旺《中國古代的人學與美學》第四四〇頁）。敞開大門，接納著自然的山山水水，心靈便只面對美，除了美沒有其它。

## 生命中最細微的感動

造化的大力氣，海山方岳，讓金聖嘆驚駭而激動，如康德所論物理的巨大所產生的崇高感。亦如上節所論。而令我們感動的是，金聖嘆的驚心動魄的感受也施之於天地間的一毫一末，比諸一味闊大豪邁多了一份細緻的溫柔。《西廂記·請宴》批：

吾每每諦視天地之間之隨分一鳥一魚一花一草，乃至鳥之一毛，魚之一鱗，花之一瓣，草之一葉，則初未有不費彼造化者之大本領、大聰明、大氣力，而後結撰而得成者也。諺言：獅子搏象用全力，搏兔亦用全力。彼造化者則真然矣，生洞天福地用全力，生隨分之一鳥一魚一花一草，以至一毛一鱗一瓣一葉，殆無不用盡全力。由是言之，然則世間之所謂駭目驚心之事，固不必定至於洞天福地而後有。

我們相信，能被一花一草感動，由此而領悟大自然偉大的人定然是對自然深存敬畏與感佩的人，他具有自然宗教崇拜的情結。中國人多從自然中對映看到人類社會的倫理道德，而忽略了自然本身，「天地不仁，以萬物為芻狗」，天地不向人類顯示它的善，而顯示著力量的美，無論自然之物的巨與細，久與暫。「今夫清秋傍晚，天澄地澈，輕云鱗鱗，其細若縠，此眞天下之至妙也；野鴨成群空飛……，觀其腹毛作淺黑色，鱗鱗然猶如天云，其細若縠，此又天下之至妙也；草木之花，於跗萼中展而成瓣，苟以閒心諦視其瓣，則自根至末，光色不定，此亦天下之至妙也……此其一鱗之與一鱗，其間則無限層折，如相委焉，如相屬焉」（《西廂記·酬韻》批）。天下之至微，亦天下之至美。以自然之物玄想自然之力與奇，與天地精神相往來而不傲睨於萬物，可算是美的遐思流動。

雪萊《論愛》：

孤獨時，或是雖在人群之中卻處於得不到任何同情的被遺棄的狀態時，我們便愛花、愛草、愛水、愛藍天……風無舌而有動聽的言詞，水長流而有樂音，像情人單獨為你唱出的歌聲，會使你的眼睛被不可思議的柔情熱淚浸潤。

德國神學哲學家朋霍費爾《獄中書簡》一段話讓人體味了自然中的宗教意味：

監獄生活使人深切地感到，大自然是如何漠不關心地過著它那安靜、無憂無慮的生活，也使人對動植物的生活幾近於多愁善感。

白天開的百合花簡直美妙極了。它們的花萼在清晨慢慢打開，開花的時間只有一天，第二天早上，就有另一些新鮮的花萼接替了它們的位置。後天，它們就都凋謝了。我常常夢到我已經獲釋。

詩人和神學家啓示著我們爲什麼會被自然的細微感動；對自然的異乎尋常的敏感，因爲同情心靈的同情，是因爲現實的孤立和羈絆。人以同情之心深入自然，與之化爲一體，因爲這樣可以逃離現實的我，而獲得心靈的慰藉。

喬治·桑說：「我有時逃開自我，……我覺得自己是草、是飛鳥、是樹頂、是雲、是流水、是天地間相接的那一條水平線，覺得自己是這樣的顏色或是那種形體，瞬息萬變，來去無礙。……我所棲息的大地彷彿全是由我自己孕育出來的。」金聖嘆諦視一花一草，一鱗一毛，在諦視中也使自己像喬治·桑那樣，與自然融爲一體，使自己之於大自然，如一花一草的細微，但也獲得大自然的全力與奇幻。已然慰藉的心靈，在自然和我的相互一體的融合中便達到審美，即雪萊所說的「不可思議的柔情熱淚浸潤」和朋霍費爾說的「多愁善感」，也即金聖嘆「至妙」的喟嘆。「審美產生於人的心靈對自由的渴望，也激發著人的心靈對自由的渴望；審美體現了人的追求自由的本質，也強化了人的追求自由的本質；它永遠站在不自由的現實人生的對立面，召呼著人們向自由的人生挺進」（成復旺《中國古代的人學與美學》）。心靈對自由與美的呼喚：

像一位詩人，隱身
在思想的明輝之中，
吟誦著即興的詩韻，
直到普天下的同情
都被未曾留意過的希望和憂慮喚醒。

——雪萊《致雲雀》

只有渴望自由的人才能觸及美的眞諦，孤獨的雪萊如此，獄中的朋霍費爾如此，時時感到精神束縛的金聖嘆如此，金聖嘆的朋友王斫山亦如此。

王斫山可算是寓言十九的人，他給金聖嘆講一個典故：

王羲之若閒居家中，必就庭花逐枝逐朵細數其鬚，門生執巾侍立其側，常至終日都無一語。

這是個奇特而美妙的故事。王羲之在諦視花蕊的紋理、造形與光色，細細觀察那「一瓣之微，其自瓣根行而至瓣木，其起此盡彼，筋轉脈搖，朝淺暮深，粉稚香老」（《西廂記·酬韻》批），還是在思索如禪宗所問的：花默默地開著，人們能從綻放的花朵，意識出什麼呢？「無語」即是沈默，以沈默來表達對日常瑣事存在的虔敬與感謝，一花一葉，紅紅綠綠，明明歷歷地、毫不隱藏地呈現於外，它們不蓄意顯示自己，只聽任自然的安排？

金聖嘆問此故事出於何書，斫山云：「吾知之」，這個回答如孔融所云「以今度之，想當然耳」一樣妙，《管錐編》云：「蓋後來者尙論前人往事，輒遠取而近思，自本身之閱歷著眼，於切己之情景會心，曠代相知，高舉有契」，也就是說，故事出於何處不重要，重要的是王斫山藉此表達著自己隨物宛轉，神與物遊的審美態度和「不可言說則保持沈默」的哲思罷了。王斫山眞是個美妙的人。

## 語言之崇拜

遠古的人崇拜敬畏語言，是因爲語言的符咒力量。當明白了符咒的巫術力量的不存在後，語言也從神的本體歸於人的本體。但語言文字還是人類崇拜的對象，一是因爲語言神聖觀，像《淮南子·本經訓》說的：「昔者倉頡作書而天雨粟，鬼夜哭」。語言連貫著自然界的種種不可思議，語言也揭破世間的奧秘；又如曹丕說文章經國之大事，語言關乎天下興亡。另一個原因是美的觀念，語言的內在張力所產生的說不清道不明的效應，即語言無達詁的詩性，足以讓人在美的震顫下對語言肅穆恭敬。金聖嘆就是個有崇拜癖的人，他崇拜他的才子書。

《西廂記》不同小可，乃是天地妙文。自從有此天地，他中間便定然有此妙文。不是何人做得出來，是他天地直會自己劈空結撰而出。若定要說是一個人做出來，聖嘆便說，此一個人即是天地現身。

——《讀第六才子書西廂記法》

美的文章同於山川風雲，是自然精華所致，亦同於自然而不朽。

精美的文本一旦創作出來，便獨立地傲然自足。它擺脫作者的羈絆，呈現出作者創作意圖所沒有的意味，同時，也呈現出欣賞者欣賞視野以外的東西，它賦予自己以深沈的厚度和深長的歷史感，使無論作者、接受者對於文本的說明、解釋看起來總只是抓住文本冰山浮出海面的一角，十之七八更深層的部分未曾觸摸到，也就使文本在人看來，不可究詰，「不是何人做得出來」。越是精美的文本，越是讓人無能為力，直讓人感到它是「天地自己劈空結撰而出」，「自從有此天地，他中間便定然有此妙文」。金聖嘆崇拜「天地妙文」，類似自然泛神崇拜，如同人類之於日精月靈的敬慕，「文章本天成，妙乎偶得之」，天成之美，山川風雲、至妙之文，語言把它們從大自然的背景裡找尋出來，卻又「只可意會，不可言傳」，人面對它們，是對神秘的美的崇拜。

《水滸傳》第二十五回批，金聖嘆描述自己對於文章的美的震顫所表現出的風魔之態：

譬諸閻（立本）吳（道子）二子，鬥畫殿壁，星宮水府，萬神咸在，慈即真慈，怒即真怒，麗即真麗，醜即真醜。技至此，技已止；觀至此，觀已止。然而二子之胸中，固各別藏分外之絕筆，又有所謂云質龍章，日姿月彩，杳非世工心之所構，目之所遇，手之所掄，筆之所觸也者。今耐庵水滸正猶是矣……我既得以想見其人，因更回讀其文，為之徐讀之，疾讀之，翱翔讀之，歇續讀之，為楚聲讀之，為豺聲讀之。嗚呼！是其一篇一節一句一字，實杳非儒生心之所構，目之所遇，手之所掄，筆之所觸矣。是真所謂云質龍章，日姿月彩，分外之絕筆矣。

又《西廂記·鬧簡》批：

細思作《西廂記》人，亦無過一種筆墨，如何便寫成如此般文字？使我讀之，通身抖擻，骨節盡變。

技巧的極致是消解技巧，文本語言技巧的極致是消解語言。閻、吳之畫，施耐庵之文，讓人在技巧極致的讚嘆中找尋到技巧的極致也無從再現的美，即「分外之絕筆」，這也是他們的畫文達到極高境界的原因。他們的技巧是暗示的工具，而非表現本身，以技巧暗示非技巧的美，在「慈怒麗醜」即眞「慈怒麗醜」的高超技法之外，探尋「杳非世工心之所構，目之所遇，手之所掄，筆之所觸」的「日姿月彩」，天地間自古劈空結撰之美。人工的構思，繪畫技法也罷，語言的組合也罷，像一條路，總尋引著人走向回歸自然天成美之審視的旅程。

金聖嘆崇拜語言即在此，風魔不已亦在此。

而且，他還是一個很懂得把語言內在張力的美欣賞出來的人。許多人只懂得一種欣賞角度、一套欣賞方法，「天地妙文」也只向他呈現一副面貌。而金聖嘆則有「徐讀」、「疾讀」、「翺翔」、「歇續」、「楚聲」、「豺聲」種種讀法，一種讀法即是打開文本的一個世界。維根斯坦說：「想像一種語言就意味著想像一種生活形式」（《哲學研究》），不同的讀法是在進入文本不同的存在方式。

金聖嘆崇拜語言文本，他也是一位善於崇拜的人。

金聖嘆是一個有唯美傾向的人。他崇拜語言文本，而他的標準不是語言傳達的倫理道德的善，而是文學之美。這在他的時代是一個很偏激而大膽的觀念。中國傳統文化講「立言」，君子立言是和立德立行相一致的道德自我修養的程序，也是古今士子內聖外王、齊家治國的途徑。然而金聖嘆並不提「立言」中道德的完善，「君子立言，雖在傳奇，必有體焉，可不敬歟」，所言之言，不在於「載道」，而是符合「立」的文學樣式，即在傳奇、小說、戲曲，所謂不登大雅之堂者，所言當遵循傳奇、小說、戲曲的「體」——文學的樣式，傳奇有傳奇之言，小說有小說之言，方是「立言」。無論傳奇小說戲曲，只要抒發性情，合於語言文本之體，必有可觀，「可不敬歟」。

## 美的話語權力

如同一個人，有實際年齡和心理年齡，歷史也有兩種時間流程，客觀時間流程和歷史文本中的時間流程。中國幾千上萬年的人類文化活動在客觀的時間裡發生，幾千上萬的事件、幾千上萬年的人物，是固定的，不可更改和移置。然而這些時代的情形、事件的原委經過、人物的言行思想，被記錄到史書文獻上時，就會被刪汰、雜糅，乃至更改、移換，它們幾者之間的關係與順序便不再依據現實客觀爲藍本，而進入歷史文本的時間流程，以歷史文本的邏輯而演變。所以歷史文本所構築的「歷史世界」與實際的世界總不一樣，那麼歷史文本依據什麼原則構築「歷史世界」？歷史學家們所揭示的客觀實際裡「歷史發展的邏輯」與歷史文本裡「史的邏輯」不同，歷史文本中「史」以什麼邏輯演變？

金聖嘆以中國歷史文本的典範《史記》爲例，提了一個問題：《史記》裡記載的事件人物爲什麼能流傳至今？是這些事件人物在客觀時間裡影響至今不衰，還是它們所表現出的美的風貌，讓人不斷欣賞審視？歷史的「眞」與歷史所表現出的「美」，誰更來得長久，也就是說，在歷史文本時間流程中，歷史之爲歷史，是依據「眞」的原則而在，還是因了「美」的原則而存？金聖嘆以爲毫無疑問是後者。《史記》之所以被後人接受，是因爲它是「歷史之詩」，「無韻之離騷」（魯迅語）。史之詩性不依歷史而再現，恰恰是歷史因爲美的原則而傳承。「眞實的歷史」不可能永恆，美才是不變的。歷史人物、歷史事件等等，進入歷史文本的結構，它們便只是「美」的形態各異的「言語」（parole），而「美」才是制約歷史人物、事件以「史」的形態存在、發展的深層原因，即「語言」（Langue）。《水滸傳》第二十八回批，金聖嘆以「文」來指稱「美」的概念：

> 夫修史者，國家之事也；下筆者，文人之事也。國家之事，止於叙事而止，文非其所務也。若文人之事，固當不止叙事而已，必且心以為經，手以為緯，躊躇變化，務撰而成絕世奇文焉。如司馬遷之書，其選也。馬遷之傳伯夷也，其事伯夷也，其志不必伯夷也。……惡乎志？文是已。馬遷之書，是馬遷之文也，馬遷書中所叙之事，則馬遷之文之料也。……能使君相所為之事必壽於世，乃至百世千世以及萬世，而猶歌詠不衰，起敬起愛者，是則絕世奇文之力，而君相之事反若附驥尾而顯也。是故馬遷之為文也，吾見其有事之巨者而隱括焉，又見其有事之細者而張皇焉，或見其有事之闕者而附會焉，又見其有事之全者而軼去焉，無非為文計，不為事計也。……如必欲

但傳其事，又令纖悉不失，是吾之文先已拳曲不通，已不得為絕世奇文，將吾之文既已不傳，而事又烏乎傳耶？

倘若聯繫中國傳統文化中「史」的份量，實在要驚嘆金聖嘆議論之宏放了。史是中國文化建構中重彩的一筆，是作爲公共人的神聖使命，而討論美卻總要跳出總體的範疇回歸到個體的體驗上來，所以要「史」去遵從「美」的原則，也就是要作爲類本質的人服從於作爲個體意義的人。——這是個性解放時代才有的觀念。

另外，從時間結構來說，有兩個層面：現時的、歷史的。君侯將相以權勢的遠作左右著現實的事件、勢態，所謂「以一代大事，如朝會之嚴、禮樂之重、戰陣之危、祭祀之愼、會計之繁、刑獄之恤……凡以當其有事，則君相之權也，非儒生之所得議也」，但現時權力操縱只能傾其一時，一旦它轉化成「史」，力圖進入和影響文化的精神層面時，它便得交出「控制權」，「若當其操筆而將書之，是文人之權矣，君相雖至尊，其又惡敢置一末喙乎哉。」（《水滸傳》第二十八回批，上同）？以法國後結構主義哲學家米歇爾・傅柯（Michel Foucault）的概念，史官或者文士（知識份子）不是單純的文化的記載者和傳播者，他們也有「權力意志」，只不過他們的權力不是現實的政權法權統治，而是精神的「話語控制」。歷史文本（包括史書、史的觀念等）結構實際上是一個話語結構，「種種話語由特定的知識型構統攝，形成互相關涉的嚴密網絡，在自己內部對所指涉的事物進行簡化、調整、稀釋（rarefication），賦予它們以秩序，而對它所未指陳的事物實施壓抑、排斥」（張廷琛《性史・譯序》），即金聖嘆所謂：「馬遷之爲文也，吾見其有事之巨者而隱括焉，又見其有事之細者而張皇焉，……無非爲文計，不爲事計也。」金聖嘆以爲「話語控制」的「文人之權」的運作是按「美」（「文」）的原則而行的，即知識份子（士人、史官）以語言的詩性干預著人類的文化、精神，表達著自我的審美之維。

由此，可以換一個角度看中國傳統文化中的「史官文化」了。「史官文化」實際體現著「詩性傳統」，審美態度。難怪，中國文化被認爲是最具人文精神的一種文化，因爲，這種文化裡最重彩的那一筆「史」的更深層是「詩」。

# 我活著，因為我愛著

## 愛的給予

中國語言中把人與人之間的關係叫「相交」，君子之交、管鮑之交等等，交有交互、交通、交叉的意思，也許它暗示出在中國人的思維裡，人與人，友朋之愛、天倫之愛、戀愛，是相互的，彼此都是愛的給予和接受者，缺一不可，而愛恰是給予與接受的平衡態。

金聖嘆好議此怪問題。他問，人與人倘不是相互了解，相互相愛，只是單向了解，單向愛的給予，那麼愛還存在嗎？《水滸傳》第六十一回，燕青勸阻盧俊義不要回大名府，盧俊義卻誤解燕青挑撥離間。金聖嘆批：

嗟乎！員外（盧俊義）不知小乙（燕青），小乙自知員外。……或曰：

人之感恩，為相知也。相知之為言我知彼，彼亦知我也。今者小乙自知員外，員外初不能知小乙，然則小乙又何感於員外而必戀戀不棄此而之他？曰：是何言哉！是何言哉！夫我之知人，是我之生平一片之心也，非將以為好也；其人而為我所知，是必其人自有其人之異常耳，而非有所賴於我也。若我知人，而望人亦知我，我將以知為之鈎乎？必人知我，而後我乃知人，我將以知為之報與？夫鈎之與報，是皆市井之道；以市井之道，施於相知之間，此無黨自好者之所不為也。

此處，「知」、「愛」、「感恩」是相同的。那麼，金聖嘆提出了人與人愛的原則：愛是愛人，是愛之給予，愛的索取與回報都是非道德的。人類愛的相互是客觀現象，而不應是主觀意願，也就是說，愛之給予與接受如果在相愛的人之間有平衡的話，那麼前者是自覺的，後者是非自覺的，我之能獲得愛，不是因爲我接受與索取愛，而是他人給予我愛後的客觀結果。愛的給予是人自身心理的必須，是自我的展現，它與索取愛之回報不是一條線上反向運動的過程，而一般人總把「給予」、「回報」像反義詞一樣對映，實際兩者全無關係。而我愛他人，他人愛我，愛不存在功利的目的性，它是自然而然投射的過程。愛並不使給予愛者干預獲得愛者的生活，使後者對前者產生需要或依賴，我愛她，不意味著愛取消她人格的自主獨立，也不意味著我有改變她生活的權利。

毫無疑問，金聖嘆的愛（「我之知人」）的原則，包含著健康而符合眞正人性的因素。當我們發現法蘭克福學派哲學家弗洛姆（Erich Fromm）那本風靡一時的《愛的藝術》中的主要觀點與金聖嘆的上段話驚人的相似時，不得不佩服金聖嘆對人性與愛的理解的深邃。兩人的觀點在我們看來，接近著愛的眞諦。弗洛姆說：

> 成熟的愛是在保持一個人的完美性和一個人的個性的條件下的結合。愛是人類的一種積極力量。
>
> 「愛是主動地『站進去』（standing in）的活動，而不是盲目地『沈迷上』（falling for）的情感。如果用最普通的方式來描述愛的主動特徵時，

那麼，它是給予（giving）而不是接受（receiving）」，「給予是潛能的最高表現。正是在給予中，我體驗到我的力量、我的財富、我的潛能。這種增加生氣和能力的體驗，使我感到無比快樂」，「把自己的生命的愛給予他人時，也增加了他人生命的價值，……在給予中，不知不覺地使他人身上的某些東西得到新生，這種新生的東西又給自己帶來新的希望。」

反觀人類社會的歷史和現實，金聖嘆與弗洛姆所鼓吹的愛之原則便顯得單純、崇高而書卷氣了。單純、崇高在世俗社會裡總意味著褻瀆和傷害，總被犧牲。愛的強迫、占有、欺騙、服從，乃至施虐和受虐，倒時時表現爲愛的常態。充滿目的和動機的愛充斥著人們的心靈，這使人們的心靈日益遠離坦白、赤誠和勇氣。人們越來越不能忍受誤解、委屈，越來越失去承擔誤解、委屈的耐性與毅力；人們如此容易猜疑，爲一些瑣事的不合意而放棄信任和期待，馮夢龍《掛技兒·情淡》云：「不相交，不煩惱，越相交，越情寡。」我對所愛的人失去信心，因爲「我的愛能喚取回應嗎？」、「他（她）也在愛我嗎？」的猶疑不定的追問，使我的心靈爲恐懼和忌恨、爲盤算和猜測所左右，我看不清所愛的人；我對自己也失去信心，我支出愛，像付貨幣款，總在檢驗換回的愛是否等值，我像一個商人，忐忑不安於在這場交易中是否會折本。以上種種這些意味著什麼？愛的給予是自我能力的證明。當它被愛的獲取、回報、接受的希冀所取代，自我的生命便在存在的跌落中萎縮。似乎愛的獲取、回報全是爲了「我」，指向自己，可恰恰在「自我」的顧影自憐、患得患失中喪失自我，生命簡陋、寒酸得只剩「自私」。

愛的等價交換，希圖回報的願望，是人的生活在社會中異化，人性在文明面前異化。異化導致人類連愛的能力也喪失。

我給予愛，同時我索取愛，金聖嘆稱之爲「釣」；我接受他人的愛，才會給予我的愛，叫「報」；馮夢龍有相似的一段話：「今之情人，我未愛他，先欲彼愛我；我愛彼，又恐彼不知我愛，務爲愛徵以博人歡；強爲愛貌以避人議，而眞情十無二三矣」（《掛枝兒》評）。愛的交換，金聖嘆認爲是市井之道。所謂市井，是充斥著商品市場流通交換的地方，商業文明總把雙方的付出和獲取作爲人的義務和權利，同時契約化。的確，商品交換的付出獲得組成了人的生活，衡量著人生活的質量。可生活不是愛。人的愛只爲愛自身展開。我愛一個人，無論他（她）在生活中的關係對我來說遠或近、損或利，僅僅是因爲我愛。

## 知己似兄弟，兄弟似知己

金庸在《倚天屠龍記》後記中說過一句大意如下的話：這部書讓作者自己感動的不是男女之情，而是男人與男人間的情誼。我們讀《水滸傳》和金聖嘆批，也有這種感動。

《水滸傳》作者有些性心理的施虐狂傾向，所以書中於男女之情之性的描寫充滿殘殺、冷漠、罪惡，令人反感。但他於男人與男人之間的情誼，心理是深厚、寬博的，書中描寫也是成功的。

比如魯智深與林沖，武松與武大。魯智深對林沖只說幾個字：「洒家放你不下。」「夫人生在世，知己有托，生死以之，乃至不望感，豈惟不望報也」（《西廂記·前候》批）；武氏兄弟相別，「武大道：『兄弟去了，早早回來，和你相見』口裡說，不覺眼中墮淚。」了了數言，便顯得一往情深，如海如潮。

有人說，生死、愛情等是文學中永恆的母題。這些永恆母題裡似乎漏掉了男人與男人之情這個母題，至少在中國是這樣的。因爲整個中國傳統文化對男女相悅是取蔑視、壓抑態度的，也因爲中國人沒有眞正自由平和的愛情經歷，所以中國文學裡的愛很不成功，或者占有慾的色情玩弄，或者完全叛逆的激烈抗爭之悲劇，總缺乏情感之流的長度和厚度。而男人與男人的友誼、親情在中國文學裡的表達異乎尋常的豐富，正統散文不必說，緣情的詩詞、世俗的小說也是如此，李白之於杜甫，蘇轍之於蘇軾，一方面證明了中國人在情感方面由於愛情的淡漠而並未陷入情感的麻木、遲鈍；另一方面也讓人些微欣慰，我們文化裡除了天理、禮教森嚴秩序，除了忠孝，還有人情味。

金聖嘆的愛情生活似乎美滿但也平凡，金聖嘆與朋友與兒子之情卻有生生死死至死不滅的愛情味道，他與王斫山如兄弟，他與兒子金雍像朋友。《水滸傳》第四十二回：「李逵道：『我大哥從來不曾見過這大銀，我且留下一錠五十兩的大銀子放在床上……』」，金聖嘆批：「管子之感鮑子也，曰鮑叔不以我爲貪，知我貧也。千古眞知己，便似兄弟。今李逵之贈其兄也，曰我大哥從來不曾見過這大銀，我且留下一錠在此。千古眞兄弟，便似知己」。知己似兄弟，兄弟似知己，便是金聖嘆以爲千古的男人之間的情感境界。《西廂記·鬧簡》批，叙他的朋友王斫山其人和他倆的友誼：

彼（斫山）視聖嘆為弟，聖嘆事之為兄。有過吳門者問之，無有兩人也。嗟乎，未知余生尚復幾年，脫誠得並至百十歲，則吾兩人當不知作何等歡笑。如或不幸，而溘然俱化，斯吾兩人便甘作微風淡煙，杳無餘跡……今聖嘆亦是寒鳥啁啾，不忘故群，故時時一念及之。

只有知己手足，才能以平常之語氣講出同生同死絕決的話。

不惟同輩，父子亦當如知己兄弟。金聖嘆與兒子的一些事跡也正體現著這種境界的實踐。金聖嘆很珍愛金雍，以爲兒子是「眞正讀書種子」。他有一首《與兒子雍》的詩，很妙，妙在把兒子當作平輩，當作非親緣血統的外人，卻情義深重。詩序云：

吾兒雍不惟世間真正讀書種子，亦是世間本色學道人也。

詩云：

當汝為親妙在疏，如形隨影只於書。

今朝疏到無疏地，無著天親果宴如。

金聖嘆晚年正從事於杜詩，兒子請他說唐人七律，手頭雖有工作，也不推辭。《唐才子詩序》．「順治十七年春二月之八日，兒子雍強欲予粗說唐詩七言律，予不能辭。既受其請矣，至夏四月望之日，前後統計所說過詩，可得滿六百首。」金雍《魚庭聞貫》記載相同：「雍既于今年二月吉日，力請家先生，上下快說唐人七言律體，得五百九十五首，從旁筆受其語，退而次第成帙。」（參看《文壇怪傑金聖嘆》）。可以想見父子間相互砥礪，如切如磋的朋友之誼。在那個時代，乃至中國歷史上殊不多見。

似乎有一種偏見，男人之間的情感是道統的、原則的、疏闊的，所謂「君子之交淡如水」，只在生死等大事關頭才體現。可金聖嘆偏發揚男人之間的細膩、深長的情緒。像冰山，嶄露水面的只是十之一二，深藏於水底的是十之九八，旁人所看到友誼、手足之情向外形於言語、行動，以爲如是而已，卻不知眞正深厚的是言語、行動無法指明的人心隱蔽的一片。金聖嘆在旁人看來很平凡的事情、語言後批下嚴肅鄭重的評語，就是要暗示出「冰山」的水底部分。隨手一例，《水滸傳》第五回，魯達和史進共同剷除了瓦官寺的強人，「二人廝趕著行了一夜」，金聖嘆批：「七個字寫出眞好弟兄。令人念此一夜，獨不得預也。」原文幾個字在旁人看來，只是一句很平常的情節交待，而金聖嘆由兩個朋友一起廝趕一夜，聯想到他們的心照不宣，他們的互相理解，他們的不拘小節，聯想到知己兄弟一路談話的熱鬧、交心和享受。

同回，魯史分別，魯智深道：「兄弟，須要分手，你休相送。他日卻得相會。若有個便人，可通個信息來往。」金聖嘆批：「千古情種，歷歷落落。」的確，若無金聖嘆凝重一批，只把魯智深的話全做庸言常語一掠而過，而見了金批，再反觀魯的話，令人忍不住黯然神傷。愛情的表白總在激揚、新奇的言語、方式，才能令人嚮往，而友情的表達平平實實，熟得不能再熟的話，若一顆心不把它當作清風拂過，而是細細咀嚼，爛熟的語詞裡流淌出的也是深情一片。

如果友情的表達也似愛情表達的炫耀、輕颺，那它便假了和淺薄了。男人與男人之間的友情，拒絕著新奇、激烈，它爲了自身的深度和濃度只選擇最平淡的形式，只有這樣對自己的破壞才最少，雖然這樣它常使人遺忘。

## 人間有比性愛更美的嗎

人類一思考，上帝便發笑。

這句話用在中國正統文人性愛觀上最合適。他們只要一開口談論「性」與「愛」，便少不了迂腐、變態的成分，讓人感到無奈而可笑。而眞正帶著健康喜悅的心理去思考生命的性愛時，必要到一個世俗勃興、市民階層活躍的社會和時代，在我們看來，也僅有明末的時代是如此。

《西廂記·酬簡》金聖嘆批：「自古至今，有韻之文，吾見大抵十七皆兒女此事。此非以此事眞是妙事，故中心愛之，而定欲爲文世。亦誠以爲文必爲妙文，而非此一事則文不能妙也。夫爲文必爲妙文，而妙文必借此事。」金聖嘆在總結文學規律：美（妙）在兩性之間能得到最容易和最完美的體現。並不是說兩性之情之事激發著人的美的創造，而是兩性之情之事本就是按照美的規則而產生。美感產生人類的愛情和性藝術。同樣，雖然兩性之情之事和吃飯、娛樂、勞作一樣都是人類生活的一部分，但較之後者，兩性之間更能直接地體認著符合人類本性的美，所以文學（妙文）中：「兒女此事」是被最頻繁重複的主題。

金聖嘆僅僅是在關注文學嗎？他不也在表達著對生活、人性的看法嗎。對於這樣的看法，我們不禁要追問，兩性眞是人類生活的最高而圓滿的境界嗎？人類文化活動、生活中，征服自然雄壯之美，娛樂遊戲的從容閒適之美，面對不可知而追索探究的理性之美，等等，眞的都不如人類兩性的情愛之美更接近人性嗎？美之於兩性情愛，眞是前者高於後者而規定著後者的發生發展嗎？再深追問一層，人類所有的活動都屬於文化的話，那麼是不是只有這種文化才是健康符合人性的，它在所展露的各種美中，認識和找尋到兩性之情之事，不是骯髒、罪惡，而是活力和美？捨此，無論這種文化發現多少氣韻、興味、妙理、意趣，抑或崇高、優美，都是遠離人自身的文化，被閹割般的病態？中國傳統文化呢？

「然則此事其眞妙事也。何也，事妙故文妙。今文妙必事妙也」（同上）文學上的「妙」還是因了事情本身的美。兩性之情之事的美又在哪裡呢？

首先，在有濃濃的眞情，照馮夢龍的說法「情膽大於天」，兩性之間眞誠的相愛是純潔而堅強的，並且是快樂的。倘若承以美的經驗包含情感因素的話，又有哪一種情感如愛情的醇厚呢？又有哪一種美如性愛之美令人驚心動魄，心靈經歷如颶風如狂潮的震顫呢？即使如康德所論崇高之美，面對巨海瀾濤，人的種種心理流動，又怎及面對一張「巧笑倩兮」的容顏的劇烈？又有哪一種美如性愛之美令人體驗到最本質生命的快樂呢？「快樂就是完美無缺」（斯賓諾沙語）。「看一看愛情能做什麼？它使衰老之身變得活潑，它給世界帶來和平，它平息了誹謗的傳播，它帶給家庭寧靜的幸福，讓人們充滿了歡樂。即使這世界令人躁動不安，但愛情的名字永遠是忠貞不渝」（J．凱茨詩，引自《理想的婚姻》）。除開了新鮮、活潑、和平、幸福、歡樂、寧靜，美還有什麼？

愛情擴充了我自己，因為擁有你；

愛情淨化了我自己，因為擁抱著你。

——《冬天裡的童話》

其次，與濃濃的眞情相一致的，男女之間包含對對方美、人格美、儀態美、行爲美等的欣賞，對對方本質生命的認同。性愛之美又在於互爲美的鑒賞。民歌裡最質樸地唱著：

「她的眉毛細又長呀，好像那天邊的彎月亮」，「她那粉紅的笑臉，好像紅太陽，她那美麗動人的眼睛好像晚上明媚的月亮」。

最美的事物恰是愛情的表徵。中國人把愛的衝動叫「好色」，其中正含有美的鑒賞的意義。愛一個人，是他（她）值得愛，必是對方有某種東西接納著指向它的這份愛，那「某種東西」就是美的。人怎麼會對醜的東西給予愛情呢？同樣，只有在性愛之中，人的個性美才會表露無遺，一方的個性美才會被另一方最深刻完整地發現。沒有一項人的活動像性愛這樣表達著美，理解著美。「由於一種不可抗拒的力量，丈夫把妻子的生命描繪在他自己的生命曲線中」（歌德《大自然的女兒》），根據美，我們才產生愛情和給予愛情。或者，美和愛本身就是同一的，美就是愛，愛情就是美。

還有，性愛之美還在於與對方生命之美結合的動力。這種動力如湯顯祖所言，讓人「可以生、可以死」，對愛的人的追求，對愛的人的生命之美的追求，沒有什麼可以阻擋。人的存在必受屈辱、苦難、壓迫，而人面對上帝與愛情時，一切的受難都能承擔。愛的動力是承擔一切寵辱的勇氣。人的自我也在不顧一切地飛向對方的力量中得到肯定，與對方融合的動力是積極的、飛揚的，因而也是美的。我愛對方，並且這愛永不會失去勇氣，我便是美的，在愛中我認識我的美。

愛情是美的，所愛的人是美的，愛人的人是美的，生命、生活中，有哪一種事情，像愛情這樣，充滿純粹之美，沒有一絲異化、虛假、呆板，自始至終觀照著人本身，而不是人的本質以外的什麼東西。人在愛情中才會離自己，自己的人格、氣質、意志、秉性、脾氣最接近。愛情包容著人性。

## 愛是生命的參與

《世說新語‧傷逝》：「王戎喪兒萬子，山簡往省之。王悲不自勝。簡曰：『孩抱中物，何至於此？』王曰：『聖人忘情，最下不及情。情之所鍾，正在我輩』。簡服其言，更爲之慟。」

人有情、性、理，而人在哪一個層面上最能體驗到自己是一個人？理性，「我思故我在」？可自古理性歸於上帝和天道；性之善惡？荀子說：「性者，天之就也」，勿論性善、性惡，是天賦人性，與人自身無關。看來，只有情感的起落，自始至終觀照著「人」。的確，無論洶湧澎湃的愛恨；抑或「見此茫茫，百端交集」的離憂；抑或「輒喚奈何，一往深情」的感傷；抑或「寤寐無爲，涕泗滂沱」的思念，總讓人心旌搖落，不能自已，總讓人脫去理的思辨、禮的束縛、性（善惡）的顧忌，赤裸裸面對活生生的我，狂熱的、膽怯的、敏感的、淳厚的我，「不自主的感情是自由的，它被心靈而不是被理智和意志所支配」（《別林斯基選集》第二卷）。「『忘情』的聖人不是人，『不及情』的下人也不是人。

只有『鍾情』之人才是人。有了自覺的情才成爲自覺的人」（《中國古代的人學與美學》），情感才是人類生命的本質力量。

人的自覺之情來自於哪裡？天賦人情？如果情的自覺體現著人的突現，那麼對情的來源的究詰是對人在何處方始成爲人的思索。金聖嘆的思考是，深情和感動來自於依賴與依戀，來自於人與人互相交錯的生活、人與物長久的相處，即日久生情。《水滸傳》第五十六回批：

夫天下之感，莫深於同患難；而人生之情，莫重於周旋久。蓋同患難，則曾有生死一處之許；而周旋久，則真有性情如一之誼也。是何論親之與疏，是何論人之與畜，是何論有情之與無情！

吾有一蒼頭（佣僕），自幼在鄉塾便相隨不捨。雖天下之駃，無有更甚於此蒼頭也者，然天下之愛吾，則無有更過於此蒼頭者也，而不虞其死也。……吾有一玉鉤，其質青黑，製作樸略，天下之弄物，無有更賤於此鉤者。自周歲時，吾先王母繫吾帶上，無日不在帶上。猶五官之第六，十指之一枝也。無端渡河墜於中流，至今如缺一官，如隳一指也。……吾數歲時，在鄉塾中臨窗誦書，每至薄暮，書完日落，窗光蒼然，如是者幾年如一日也。吾至今暮窗欲暗，猶疑身在舊塾也。

夫學道之人，則又何感何情之與有。然而天下人之言感言情者，則吾得而知之矣。吾蓋深惡天下之人之言感言情，無不有為為之。

周而復始的日子裡，一個人、一件物今天如昨天、明天如今天地出現在你的生活中，你之於他（它）的關係是習慣不變的，你每天向他說相似的話，做相似的動作，他也每天以固定的程序參與你的生活，最終互相成爲彼此生活的一部分，只有他（它）的參與，你才認爲生活是正常、平靜的，反之亦然。這個時候，你與他（她、它）有沒有情感？沒有人意識過，因爲平淡如常的心靈拒絕著用理性反思情感。即使有，情感也只如高原堤堰後的湖水，沒有風吹，人們在平原上來來往往，看不到它的波瀾。而一旦參與你生活的人或物因爲某種變故中止了進入你的生活，你意識到生活不再是完整的平淡，而是缺失，而且這種缺失被認爲是永遠不可復原時，高原的堤填崩潰，情感如洪水無可阻擋地泛濫了，此時人便自覺到失去的是多麼重要、失去是無限的損失，自己是多麼在乎他（她、它），情感在遺憾中流露並被自覺到了。王戎日日與兒子相處，一顰一語，無不讓人享受著人生天倫之樂，一旦喪子，顰笑成爲記憶，生活之樂不復存在，如何不「悲從中來，不能斷絕」。可見，情感來自於人與人互爲影響的生活，而顯露於生活之常態被打破。王戎之於親子，金聖嘆之於蒼頭、玉鉤、舊塾的絮絮牽念，都是在後者永久一去不返以後。

不惟如此，想來人類偉大的情感，夫婦之愛、母子之愛、手足之情、友朋之誼，都是在平淡的日子裡孕育。有沒有長久的幸福？有，掩蔽於平靜恆一的生活之下。而人對幸福圓滿之生活表現出激烈的態度時，或者執著的追求，或者苦苦的眷戀，都是幸福缺失後的強烈情緒，意味著人正是沒有幸福。烏申斯基說：「我們可能深深地熱愛一個同我們經常生活在一起的人，但是，在任何不幸使我們看到我們的全部眷戀深情之前，我們不會感覺到這種愛。」（《教育的藝術》）。

這是一個悖論。人情感的動盪總源於平靜的生活不可再得，而人正藉由情感的波瀾找到自我。情感的大自覺恰在情感的大苦痛之時，人在感傷、哀惋、苦楚中成爲自覺的人。我在愛戀的困擾中看清我是個什麼樣的人，而苦苦的愛戀必是因我在生活中無法實現愛戀，這大概是爲什麼所有的情感都蒙著一層憂傷色彩的原故。「深於情者，……對宇宙人生體會到至深的無名的哀感」（宗白華《美學散步》），亦如雪萊所言：「我們往往選擇悲愁、恐懼、痛苦、失望來表達我們之接近於至善」（《爲詩辯護》）。

情感如人的自覺正是生命的悲劇意味。

## 英雄無奈是多情

「無情未必眞豪傑，憐子如何不丈夫」，是很好的兩句。

不知何時起，人們心目中的豪傑英雄多是無情無欲的清教徒或像道教書裡的坐忘者，心如槁木、死水無瀾。這大概是人類神話思維在作祟，崇拜力量而把有力量的人抬高成天神，自然不屑有人世俗的情感；或者對於力量的破壞的恐懼，又把有力量的人極端化成刻毒之魔，失去了人世正常的情感，使人覺得英雄成了一把屠刀，如古龍小說裡「血影刀光」的殺手。無論是崇拜還是恐懼，都是以人格的不平等為其心理基礎，崇拜他人力量的強大是因為自己的卑微，對力量破壞的恐懼是因為自己的軟弱。而情感發生的前提恰是人格的平等，一往有深情只在平等的兩顆心靈之間產生。所以，道學高深的君子也罷，頂天立地的英雄也罷，有意無意總表現出對「情」的蔑視，擺脫情的平等性的困擾，這樣可以取得人格上的優越感，而突出君子、英雄的卓爾不群。世俗的人們對於「英雄無情」、「太上忘情」的認定則是自我心理卑弱的強化。

「英雄無奈是多情」，以「情」作為切口，把英雄還原到凡人的世界，昭示出凡庸之人與所謂英雄是沒有區別的，特別是人格上。英雄由「情」還原成凡人的過程，正是人們擺脫崇拜、恐懼心理而走向自我肯定的過程，也就是說，一個承認「情」，肯定「情」的人和時代，一個認為英雄不僅僅是力量、勇氣的象徵，還是多情的化身的人和時代，必是人格追求平等健全、心理走向寬廣健康的。

恰恰金聖嘆是這樣的人，他所處的時代是這樣一個時代，一個發現世俗情——與高尚、與消沈、與慾望相聯繫的凡人情感的時代。那時具有啓蒙意識的新派文人可說皆是道道地地的唯情論者。張潮《幽夢影》說：「情之一字，所以維持世界」，曹沖谷補充：「情字如此看方大，若非情之維持，久已天崩地裂」；馮夢龍《情謫》：「生生而不滅，由情不滅故，四大皆幻設。惟情不虛假」；湯顯祖《牡丹亭記題詞》：「一往兩情深，生者可以死，死可以生；生而不可與死，死而不可復生者，皆非情之至也」，「情」已上升到世界宇宙的本體了。實際上這是承認著人自己，人的有活力、激情、健康的生命才是終極關懷，才是存在的指歸。

天地不可無情，人不可無情，是那個時代的共識。但聖賢君子，豪傑英雄不是平常的人，他們較之一般的人該是多情還是寡情呢？人們在英雄的理解上產生分歧。什麼是聖賢英雄大丈夫？是平凡的人的道德理想的寄託，還是情感上的共鳴？是遠離人群的落漠，還是滲入人群的淳厚？恐怕都是。而對前者的認可，即以爲英雄是高於凡人的道德價值的範型，在英雄面前，凡人是卑賤的、醜陋的、自然產生「英雄無淚、無情」的想法，這裡的英雄類似宗教中的上帝或撒旦，可敬可怕卻不可愛可親；對後者，以爲英雄是凡人人格的延伸和完善，英雄之於凡人是觸手可及的，怎麼觸手可及？最直接明瞭體現在英雄也和凡人一樣有愛、恨、煩、憂，便產生了「英雄有情、多情」的觀念，比如金聖嘆。《水滸傳》第三回金批：

天下真正英雄，如魯達、李逵之徒，只是不好淫慾耳。至於兒女離別之感，何得無之？故魯達有灑淚之文，李逵有大哭之日也。

這段話倒與《紅樓夢》裡警幻仙子對賈寶玉所言有幾分相似：「如爾則天分中生成一段痴情，吾輩推之爲意淫」，一段痴情，李贄以「放不下」三字說明，《水滸傳》第八回李贄評：

放不下父母便成孝子，放不下兄長便成悌弟，放不下朋友便成信人義士。凡不好的人只是放得下三字，遂無所不薄。頻提放你不下，真披瀝肝膽之語。

放不下乃有所牽掛，有所關懷，這番牽掛關懷施諸行事，必是豪俠之舉，而行事有所阻撓，不避不棄則成英雄。金聖嘆心目中之大英雄，如魯達，他一再弄出事來，皆是爲了不相干的三個女子。正因爲不相干，這「放不下」三字便顯得尤爲眞切，魯達也尤顯大丈夫本色。俗語所謂「打抱不平」不正是情深之語？另外，魯達一路護送林沖到滄州，道：「殺人須見血，救人須救徹，洒家放你不下，直送兄弟到滄州」，英雄行事，不僅由道義認可，更由同情之心而發，俠義之舉都是來自於情深一片，「天下事盡膽也，膽盡情也。遇事推調，不是膽歉，盡由情寡」（馮夢龍《掛技兒》評）。這是賦予了情以無堅不摧，超越一切，驅動著人生跨過現實障礙的性質。

發現了「情」，是因爲首先找回了「人」，發現和承認人正常的感覺、感受，所謂人同此心，心同此情的人的東西。即使英雄、聖賢，不是因爲他異於常人的變態而成英雄、聖賢，恰因他更具人之常情，所有之情較之常人更深沈博大而已。《水滸傳》第二十回金批：

人每言英雄無兒女子情，除是英雄到夜便睡著耳。若使坐至月上時節，任是楚重瞳，亦須倚欄長嘆。

楚重瞳項羽倘若沒有「騅不逝兮可奈何，虞兮虞兮奈若何」的悲歌慷慨，一腔怒憤，萬種低徊，美人寶馬，捨之不忍，地厚天高，無所托身的憤恨、柔情、哀傷；而一味斬將搴旗，殺伐征戰，何言英雄？只一殺人機器耳。

而且不惟如此，具深厚博大之情並不刻意壓抑，故作冷漠寡情狀，而使這份深情厚意自然流露於行事，才是眞英雄眞聖賢。尊重自然生發之情，譬如男女之歡愛、友朋之義等，不以道德綱常而抹殺，不以法律禁忌而矯飾，便是尊重自然健全的人格。我之爲我，直是一個「情種」而已。

# 生活的興味

## 慟哭古人

金聖嘆所處的時代是個遊戲的時代。士子們說瘋話、讀閑書、參禪悅、好女色……但他們的態度又是認眞的。精神世界離經叛道、淹然雜駁、虛空灑脫、重情有誼，完全無可救藥垮掉的一代——後人常說明朝的滅亡源於士子們的遊談無根——卻又肩負神聖、純潔的精神，迷惘卻不墮落。

徐增記載金聖嘆批書乃飲酒之餘的閑暇消遣：

> 聖嘆性疏宕，好閑暇，水邊林下，是其得意之處。又好飲酒，日輒為酒人邀去，稍暇，又不耐煩。或興至評書，奮筆如風，一日可得一二卷，多踰

三日，則與漸闌，酒人拉之去矣。

——《天下才子必讀書序》

金昌則記聖嘆評點諸書是因酒的刺激：

每於親友家、素所往還酒食遊戲者，輒置一部，以便批閱。風晨月夕，醉中醒裡，朱墨縱橫。

傳說張旭的草書必醉後以髮濡墨所書爲最妙，我們也相信，人世間的文章必以縱樂之餘所寫所作爲至好，「士人的縱樂，其中包含有對人生的深切眷戀和對於人性的體認……自我得到了很大程度的認可，感情也在放縱中得到豐富的發展」（羅宗強《玄學與魏晉士人心態》）。「醉中醒裡，朱墨縱橫」，金聖嘆感悟著人生，他的態度是遊戲的，他對人生的眷戀和體認卻是嚴肅乃至深痛的，他說他的「評書批閱」是爲了「慟哭古人」：

嗟乎，是則古人十倍於我之才識也，我欲慟哭之，我又不知其為誰也。

我是以與之批之刻之也。我與之批之刻之以代慟哭之也。

才華和美色，人性之美的精華所在，是那個時代共同看重的東西，而不在一個人的窮或達、貧與富。「肉食者鄙」是自然而然的事，且這樣的肉食者車載斗量，不可計數。千古才子佳人有幾人？「北方有佳人，遺世而獨立……寧不知傾城與傾國，佳人難再得」，《世說新語·惑溺》荀粲曰：「佳人難再得！顧逝者不能有傾城之異，然未可易遇也。」數百年後，張潮問：「我不知我之生前，當春秋之季，曾一識西施否？當典午之時，曾一看衛玠否？當義熙之世，曾一醉淵明否？當天寶之代，曾一睹太眞否？當元豐之朝，曾一晤東坡否？」「無才子佳人則已，有則必當愛慕憐惜」（《幽夢影》），千古之上，相思者當不止此數人。才華與美色令人神往，悠然而思，思之不見，不免黯然神傷，這是人之常情。但金聖嘆的傷痛卻甚於此十倍，他不是悲戚哽咽，而是慟哭：

寄語茫茫天涯，何處錦繡才子，吾欲與君挑燈促席，浮白歡笑，唱之，誦之，講之，辯之，叫之，拜之；世無辭者，燒之，哭之。

——《西廂記·琴心》批

「夫哭亦有雄有雌，情發乎中，不能自裁，放聲一號，罄無不盡，此雄哭也。若夫展袂掩面，聲如蚊蚋，借淚罵人，吱咽不已，此名雌哭，徒聒人耳，哭奚爲也？」他思念才識十倍於自己的古人，是以雄哭不已。

如此雄哭者，百年而上有阮籍，「籍鄰家處子有才色，未嫁而卒。籍無與親，生不相識，往哭，盡哀而去」（《世說新語·任誕》注），千古傷心，同聲一哭，不知千古之下還有何人？

細思我今日之無奈，彼古之人獨不曾先我而如是無奈哉？我今日所坐之地，古之人其先坐之；我今日所立之地，古之人立之者不可以數計矣。而今日已徒見有我，不見古人，此真不得不致憾於天地也，何其甚不仁也。既已生我，便應永在，脫不能爾，便應勿生。無端而忽然生之，又不容少住者，又最能聞聲感心，多有悲涼，嗟乎嗟乎，豈不同此一副眼淚，同欲失聲大哭乎哉。

對比而言，金聖嘆對才子佳人的感受已超越了時代同輩人。他人的傷心是「爲才子佳人憂命薄」，美的事物不及輝煌和延續的喟嘆；而金聖嘆則深深理會到了美的事物的產生本身所具有的悲劇性。譬如花開必然有花謝，花謝必然令人感傷。欲其無感傷乃欲花不謝、花不開然花不得不開，黯然之情亦是必然。日本西行法師言：「花開的本身，即注定要花落，非因春風吹襲的緣故，但夢中醒來，內心仍感淒戚」，這是禪宗法師的話，其所以叫人淒然淚下，乃因其是不忘人性，又超乎人生的。日本小林一茶《俺的春天》裡一節：「雖然明知逝水不歸，落花不再返枝，但無論怎樣達觀，終於難以斷念的，正是這恩愛的羈絆。」對才華、美色悲劇必然性的慟哭，正是人性中愛的羈絆。

不惟才子佳人，如龔自珍所言之「才盜才偷者」，於斯世亦無所處之處與出頭之時，不也令人慟哭扼腕麼。無所處，無出頭之時，不是因了「盜偷」，反是因了「才」，想來，美之爲美，才之爲才，必然是悲劇的，不會某個時代而成喜劇，某個時代而成悲劇。《水滸傳》第二回批：

蓋自一副才調，無處擺劃，一塊氣力，無處出脫，而桀驁之性既不肯以伏死田塍，而又有其狡猾之尤者起而乘勢呼聚之，而於是討個出身既不可望，點污清白遂所不惜，而一百八人乃盡入於水泊矣。嗟乎！才調皆朝廷之才調也，氣力皆疆場之氣力也，必不得已而盡入於水泊，是誰之過也？

這是人性之美無法「擺劃出脫」的喟嘆和無可奈何，而眞正理解美的心靈必然是傷痛的，所謂「聞聲感心，多有悲涼」。

除了對古人才調的慟哭，還有另一重慟哭悲哀，乃是對現實「奴才」的悲哀。《水滸傳》第六十二回批：「奴才古作奴財，始於郭令公之罵其兒，言爲群奴之所用也，乃自今日觀之，而群天下又何此類之多乎哉！……石秀之罵梁中書曰：『你這與奴才做奴才的奴才』，誠乃耐庵托筆罵世，爲快絕哭絕之文也」。由此也可理解金聖嘆必醉中批評才子書了，冷眼清醒看現實，群天下何多奴才之才，不如醉中悼古人，與逝去之美作伴。

**美之終極關懷**

《列子·楊朱篇》：「百年，壽之大齊。得百年者，千無一焉。設有一者，孩抱以逮昏老，幾居其半矣。夜眠之所弭，晝覺之所遺，又幾居其半矣。痛疾哀苦，亡失憂懼，又幾居其半矣。量十數年之中，逌然而自得，亡介焉之慮者，亦亡一時之中爾。則人之生也奚爲哉？奚樂哉？爲美厚耳，爲聲色耳。」

《列子》對人生、時間的感受多爲後世文章詞賦所承襲，也或許是人同此心。

王觀《紅芍樂》：「人生百歲，七十稀少。更除十年孩童小，又十年昏老。都來五十載，一半被睡魔分了。那二十五載之中，寧無些個煩惱？」

唐寅《七十詞》：「前十年幼小，後十年衰老。中間只五十年，一半又在夜裡過了。算來只有二十五年，在世受盡多少奔波煩惱。」——以上參閱錢鍾書《管錐編·列子·楊朱》條。

然而，以上所引皆不如金聖嘆批《水滸傳》第十四回酣暢淋漓，鋪衍擴展：

阮氏之言曰，人生一世，草生一秋。嗟乎！意盡乎言矣。夫人生世間，以七十年為大凡，亦可謂至暫也。乃此七十年也者，又夜居其半，日僅居其半焉。抑又不寧惟是而已。在十五歲以前，蒙無所識知，則猶擲之也。至於五十歲以後，耳目漸廢，腰髖不隨，則亦不如擲之也。中間僅僅三十五年，而風雨占之，疾病占之，憂慮占之，飢寒又占之，然則如阮氏所謂，論秤秤金銀，成套穿衣服，大碗吃酒，大塊吃肉者，亦有幾日乎耶！而又況乎有終其身曾不得一日也者！故作者特於三阮名姓深至嘆焉：曰立地太歲，曰活閻羅，中間則曰短命二郎。嗟乎，生死迅疾，人命無常，富貴難求，從吾所好，則不著書，其又何以為活也。

生死時限的感覺是短暫而痛苦的，這是人生永恆的憂懼。而於此憂懼中生出對人生短暫和痛苦的徹悟，或放浪，或享樂，或發憤，或執著以求，以此來克服人生稍縱即逝的局限，也是人類永恆的思考，終極關懷。人類有超越短暫和痛苦以獲得某種意義上的恆久和內心寧靜的傾向。列子選擇了聲色犬馬的感官享受，研究者都說《楊朱篇》有享樂主義傾向大概指此。金聖嘆則選擇了讀書著書，「不著書，其又何以爲活也」。這也是中國儒家士子的最常規選擇之一，《左傳·襄公二十四年》：「大上有立德，其次有立功，其次有立言。雖久不廢，此之謂三不朽」。又司馬遷《極任安書》：「所以隱忍苟活，幽於糞土之中而不辭者，……鄙陋沒世而文采不表於後世也。……僕誠以著此書，藏之名山，傳之其人」。

然而金聖嘆的著書讀書似乎並沒有司馬遷所慮的成分：懼聲名無可流傳於後世而發憤著書，以求成一家之言。金聖嘆的動機乃是從己所好，「安得不著書自娛，以消永日。」司馬遷代表的是有所作爲、自強不息的人生積極的態度，這種態度是功利性的，它注重人的外在超越；而金聖嘆的動機和目的是尊重個性的愛好傾向，他的態度是審美性的，注重人的內在超越。司馬遷的態度可說是代表著以後無論正史、經濟、學問、仕途各正統之道的標準，後世文人著述不已皆有一段衛民、衛道、衛教，留給更後世人景仰的「情結」。所以也襯得金聖嘆的態度難能可貴。用愛好興致的滿足來克服人生的短暫，以審美的態度顯示人生的終極關懷，如順治六年，金聖嘆自叙《聖人千案》云：

日長心閑，與道樹坐四依樓下，啜茶吃飯，更無別事。忽念蟲飛草長，俱復勞勞；我不躭空，胡為兀坐？因據其書，次第看之，不勝快活。

看書著書不是因爲歷史使命感和生命的外化表現，而是生命的內在需要。這是把人生的審美看作比人生的道德、事功、言語更具超越性的價值。人對時限生死的超越是以生命的內在超越來實現的，一個人可以說出或做到萬世至當不移的道德、事功、言語，但並不意味著，他在現實中克服了生死痛苦憂懼的困擾；而一個人眞的把生活的全部看作是對生命之需要地滿足，並且這種滿足不爲生命之外的什麼，那麼生命便在審美的愉悅中以永恆的感覺而展開。以事功而言，歷史上沒有人能超過秦始皇之類帝王將相，可遠赴海島崑崙求仙問藥以氣長生鬧得最熱烈也是他們，事功再大也無法使人擺脫「人生若白駒之過隙」的痛苦；而歷史上眞正參透生死苦樂的；在我們看來，屬莊子者流，不求高尙的道德，不求萬世功績，不求言語遺彰後代，「自三代以下者，天下莫不以物易其性矣。小人則以身殉利，士則以身殉名，大夫則以身殉家，聖人則以身殉天下。故此數子者，事業不同，名聲異號，其於傷性以身爲殉，一也，」（《駢拇》）。只觀照在時間流程中生命本身，生命所顯示的快樂、自我實現之美。而避免違背人之本性、破壞生命本身的完美的那些向外孜孜以求的行爲。如金聖嘆，若生活的快樂、生命的需要只在讀書著書，那麼生命的超越也表現在對讀書著書的迷戀，和讀書著書的情調之美。讀書著書不是外在於生命的東西，它已與生命融爲一體，生活是爲了讀書著書，讀書著書便是生活。在讀書著書中所獲得的平靜、愉悅、純潔、明朗，使人生的痛苦，短暫之感一掃而光。

陳平原〈學問不等於人生〉一文有段很好的話，可以加深對金聖嘆態度的理解：「我以爲，作爲一名學者，大可不必執著於如何提高學問的地位，而是把學問從生活的目的降爲『手段』，不是爲了學問而活著，而是爲了更好地活著而作學問」，「追求的是成爲有學問有情趣的『人』，而不是只會做學問的『機器』」。

## 我是我自己

科學家以天地宇宙至巨至微、變化多端者爲研究對象，他們建構起人類對於宇宙洪荒的意識。我們所知的「世界」，是世界本身嗎？不是，是關於世界的意識。這便是胡塞爾現象學所認爲的，意識不是純粹的精神自身的活動，而是具有意向性的，即意識總是意識到什麼，意識到外在的世界和人。思考這一行爲和思考的對象之間有著內在的聯繫，相互依存，不可分割。意識不僅僅是被動地記錄世界，而且還主動地構成世界。對於外行而言，對世界的意識總來之於某個或某些科學家，後者說發現世界如何如何，我們便認定世界是什麼樣。可對於科學家們自身而言，科學界實在並沒有那麼多一致，而是充滿爭論、駁詰，雖然每一位科學家總以純客觀的立場出現。如果把每位科學家的對世界的意見綜合起來，那麼世界根本不復存在，不可建構，所以，即使就科學而言，它也是有「個性」的，也只有具有個性、自我色彩，世界才能在我們意識中完整和諧的存在——科學如此，當然文學批評也如此。

就我們而言，我們討厭把文學批評作爲一門科學式的學科，如現代許多的評論者所做的，以嚴格的術語、嚴密的邏輯構建技術化操作的文學批評世界，而排除批評者個人的印象式、感悟式理解。現代文學批評不僅消解了文學的創作主體甚至要消解評論主體。可消解了主體，我們關於文學世界的意識從何而來？如同消解科學家，我們又如何建構客觀世界？

文學文本不是一種可以透過科學途徑加以窮盡的客體，文學不是認識的對象而是經驗的對象，所以我們欣賞日內瓦學派的觀念，文學批評是一種主體參與性行爲「批評是關於文學的文學，是關於意識的意識，批評家借助別人寫的詩、小說或劇本來探索和表達自己對世界和人生的感受和認識」（郭宏安「批評意識」述要），文學批評是批評者認識自我和認識世界的方式。

以此，我們同樣欣賞金聖嘆文學批評的創作態度。他以文學批評、詩文解說這種在旁人看來最難有個性的言語方式表達著個性。他放棄中國傳統詩文評注中「以心會心」追求批評主體與創作主體對文本意蘊理解合一的努力，而是宣揚自我的文字與所批評文本的距離。從二者的差異中顯示自我意識的獨立。金批《西廂記》之《讀第六才子書西廂記法》：

聖嘆批《西廂記》是聖嘆文字，不是《西廂記》文字。

又《驚艷》折前批：

我必愛我，則我必自愛其言。我而不自愛其言者，是直不愛我也。

批評文字不是爲批而批，而是和寫詩作小說一樣，是個性、情感的表現和自我的宣泄：

皆是我一人心頭口頭，吞之不能，吐之不可，搔爬無極，醉夢恐漏，而至是終竟不得已，而忽然巧借古之人之事，以自傳道其胸中若干日月以來，七曲八曲之委折乎。

什麼叫自我意識？首先承認自己是獨一無二的，而且是無人能夠替代彌補的，而這種「承認」是生命的內省，不是外在肯定；其次，認爲「我」的獲取成功與得到滿足（類似馬斯洛（Abraham Maslow）所說的「自我實現」（Self－

Actualization），必以我的方式實現，而此方式無人能夠重複。喬治・布萊說「自我意識，它同時就是透過自我意識對世界的意識，這就是說，它進行的方式本身，它認識其對象的特殊角度，都影響著它立刻或最後擁抱宇宙的方式。因爲，誰以一種特殊的方式感知到自己，就同時感知到一個獨特的宇宙」。（《批評意識》）。如果遵從「心手如一」「我手寫我心」的誠實原則的話，那麼任何一次言語、書寫，無論其貌似情緒化抑或純客觀，都是一次自我的界定，我不會同於他人。他人也不會同於我。

《西廂記》是《西廂記》文字，不是《會真記》文字。

聖嘆批《西廂記》是聖嘆文字，不是《西廂記》文字。

天下萬世錦繡才子。讀聖嘆所批《西廂記》，是天下萬世才子文字，不是聖嘆文字。

——《讀第六才子書西廂記法》

誰若不能發現自己正在發現世界的話，誰就不能發現世界。

且不論自我意識建構的世界是怎樣，金聖嘆在文學批評中宣揚自我意識，便是個了不起的成就。因爲，只有具有自我意識，人類方能回到人的本位上來，人類的一切知識的終極才能回歸於人本身。自我的認識是人類一切認識的基礎，「我們的一切決定，無論是認識上的，還是道德上的或美學上的，都取決於我們關於自己的概念」（赫舍爾《人是誰》），關於自我的概念是獨特的、美的，那麼他的道德必是健康的；審美也必是高尚與寬廣的，金聖嘆的人格魅力在於此，這種魅力在他的文學批評中一目了然。他的狂怪並不令人生厭，他的通達令人欣喜，這些都源於他生命中自我意識的自信與肯定。《世說新語》殷浩說：「我與我周旋久，寧做我」，也是這種人格的魅力。

再引赫舍爾《人是誰》中的一段話：「從社會的角度來看我自己，或者用比較的方法進行思考，我是個普通人。但從內心深處直接地面對我自己時，我認爲自己是獨特的，極爲寶貴的，是任何別的東西都不可代替的。我不希望我的實存是完全無用的，全然荒唐可笑的。任何人都不能代替我活著，任何人也不能代替我思考，或夢到我的夢。我自己的存在儘管被置於諸多存在物當中，但它並不簡單地存在於此，存在於周圍，並不單純是環境的一部分。正是在我意識的深處，我是獨特的。」

如果要講寫作動機，這也是金聖嘆之所以評點詩文、小說、戲劇的深層動機之一吧。

## 不妨談談天

中國歷史上有兩個清談的時代，一魏晉，一明末。都說清談誤國，明朝就亡國在聊天中。這是大儒們含切膚之痛的關乎天下興亡大事的研究，我們不敢輕置可否。但我們知道一點，如周作人評介明末小品文的話：「小品文是文學發達的極致。它的興盛必須在王綱解紐的時代」，清談亦如是。它是思想自由發達的極致，必盛於社會的束縛力減輕，大家感到有自由追求的必要的時代。

清談有兩種，形而上者玄談，心性之論、良知之說、物我之辨；形而下者架談，拉家常、話癖好。前者是學術理想的最高境界，如古希臘的柏拉圖、亞里斯多德「散步學派」，操同一種語言，遠離塵囂，精騖八極，心游萬仞；後者是人生理想的頂峰。「縱口劇談」，豈非人間第一樂事，然此所謂「法喜禪悅之樂，非人間樂。豈惟人間，即欲界諸天，亦不得望此樂」（《白蘇齋類集。答陳徽州正甫》），談之樂，非現實人間所得望——由此也可知中國社會之於「縱口劇談」的詆惡了。

中國人有兩條牢固的教訓，一者禍從口出，乃要人少說話或不說話；一者坐而論道不如踐而行之，乃要人埋頭苦幹而已，毋須多言；總之是閉口最妙，大事要閉口才能做得好，性命也要閉口才能保得住。可是中國眞的緘口不言的時代，也未見得如何好，照樣被那些一門心思做事的人弄得亂糟糟，死氣沉沉，這不如清談的時代來得清新、活潑。因爲中國人的教訓不是閉口不說話，是要人不思想。清談與少說話實非說與不說的區別，而是捍衛獨立思考與追求生活趣味的權利，人生命、生活中，思維的理性之美、趣味愛好的個性化之美的體現只有「清談」可以當之。

宋《避署錄話》載（蘇）子瞻在黃州及嶺表，每旦起，不招客相與語，則必出而訪客；所與遊者，亦不盡擇，各隨其人高下，談諧放蕩，不復爲畛畦。有不能談者。則強之說鬼。或辭無有。則曰姑妄言之。於是聞者無不絕倒，皆盡歡而後去。設一日無客，則歉然若有疾。姑妄言之，四字最能盡談的精髓。並不以自己的話爲天地間的眞理，說出話也並不是爲國爲民請命，只是遊戲地說，相信世間任何話都可以說出，且沒有任何話是唯一的眞理，這樣話裡的思想、趣味才能不拘一格，百家爭鳴——中國那麼多的時代令人索然無回味，除開鉗制不讓人說話，便是愚民地只讓人說一種話——這才是眞正地談。談者有了，還要有聽者，「姑妄聽之」便是聽的最好的態度了，並不以爲所聽的話必是眞理，要牢記而踐行之；也並不以爲所聽的必是謬誤，要掩耳疾走；任何話都有它的道理與興味，而遵從不遵從這道理與體味與否這興味，則全在聽的人自己把握，無可無不可——中國人聽談話，或者深信不疑，眞理只此一家。非要把它變成現實不可，由此而不顧一切行動，偏執刻意；或者以爲異端，鼓噪攻之不已，以衛道自居，實際話都沒聽清楚。總不能靜下心，琢磨一下哪怕只是「今天天氣哈哈哈」之類，它也是有意味的；或者哪怕是經國偉業，國計民生的話，它也可能是沒意思的。聽話就在於「有意味的無意思」。兩個「姑妄」才算是盡了清談之「清」的無功利性審美態度。

談的態度有了，而談的素質也有講究。梅惠連《叙〈譚概〉》：「然則譚（談）何容易，不有學也不足譚，不有識也不能譚，不有膽也不敢譚，不有牢騷鬱積於中而無路發攄也亦不欲譚」。一個面目可憎、言語無味、毫無談之興致的人，他的思想之狹窄，學術之貧乏，生活之呆板，膽量之虛怯，不能承擔人生之困頓苦難，可一目了然了，對於這樣的人還能指望他談什麼呢？他若自知藏拙倒是件值得慶幸的事，可實際上歷史與生活中，多的是此輩不肯閉口而反對清談嘖嘖不已。他的反對之語，他的「予豈好辯，不得已也」的談，能算眞正的談？一個談得再多，卻反對清談的人，總是令人厭惡的。而一個談鋒強健的人，必正是上述種種素質、學、識、膽、才、牢騷皆俱備的証明；一個能談的人，必突顯出人格之健全與美。從這點而言，清談者必有詩人的氣質，以詩來談，發掘話語中所包含的理性之美與生活之美，以及兩者的打通。

金聖嘆撰《水滸傳序》中解談之語便得詩的三味：

不以酒為樂，以談為樂也。吾友談不及朝廷，非但安分，亦以路遙，傳聞為多。……亦不及人過失者，天下之人本無過失，不應吾詆誣也。……所發之言，不求驚人，人亦不驚，未嘗不欲人解，而人卒亦不能解。

曹廷棟《老老恆言》卷二有語相似：「至與二三老友相對閑談，偶關世事，不必論是非，不必較長短」，用最常熟的語言，說凡人近前的人情事故，會心之處卻在言外；或語涉幺渺，浩然無極，會心之處卻在近前。若東坡之評淵明詩：外枯而中膏，似淡而實美。

如此，不著邊際，避世離俗的玄談；以談爲戲，鬼妖皆可的「狐談」；漫話桑麻，兒女情態的「絮談」；牢騷宣泄，鬱悶抒發的「憤談」；離愁別恨，執手呢喃的「情談」，皆是談的高境界，關鍵在於談者的詩的情趣和審美。徐增《敘才子必讀書》記金聖嘆：「聖嘆異人也，學最博，才最大，識最超，筆最快，凡書。……經其口，如懸河泛濫，人人滿意，不啻冬日之向火，通身汗出，夏日之飲冰，肺腑清涼」，可見聖嘆是解談與能談的妙人，即知其談之妙，則於他的才識，情趣，不問可知矣。聖嘆所談之語不復可聞，但他所談之事則有一則記於《水滸傳》第十二回批，頗爲出人意表：

今快友相聚，賭記水滸，孰不成誦，然終以略涉之故，有負良史苦心，實惟不少。今願與天下快人約，如遇豆棚茗椀，提及水滸之次，便當以楊（志）、索（超）（比武）如何結束（裝扮）為題，以差漏一色為罰一等，則庶乎可以冥謝耐庵也。

## 快樂，僅僅只是快樂

貫華堂所藏古本《水滸傳》前有一託名施耐庵的序，今人考証係金聖嘆所撰，其中一段話頗妙：

快意之事莫若友，快友之快莫若談，其誰曰不然？然亦何曾多得。有時風寒，有時泥雨，有時卧病，有時不值，如是等時，真住牢獄矣。舍下薄田不多，多種秫米，身不能飲，吾友來需飲也。舍下門臨大河，嘉樹有蔭，為吾友行立蹲坐處也。舍下執炊爨、理盤槅者，僅老婢四人，其余凡畜童子大小十有餘人，便於馳走迎送、傳接簡帖也。舍下童婢稍閒，便課其縛帚織席，縛帚所以掃地，織席供吾友坐也。

吾友畢來，當得十有六人。然而畢來之日為少，非甚風雨，而盡不來之日亦少。大率日以六七人來為常矣。吾友來，亦不便飲酒，欲飲則飲，欲止則止，各隨其心。不以酒為樂，以談為樂也。吾友談不及朝廷，非但安分，亦以路遙，傳聞為多。傳聞之言無實，無實即唐喪唾津矣。亦不及人過失者，天下之人本無過失，不應吾詆誣之也。所發之言，不求驚人，人亦不驚；未嘗不欲人解，而人卒亦不能解者，事在性情之際，世人多忙，未曾嘗聞也。

雖然明知這份場景多半出於金聖嘆名士派頭地遐想，在現實中做不得眞，然而這是令人喜歡，喜歡它透出的人生閑暇曠達，喜歡它的詩意情趣，喜歡它友情的純潔，喜歡它對談話精妙入境的理解，那種出你之口、入我之耳，不足爲外人道也的態度。當一種生活的追求簡化爲單一的目標，或者只求友情的安適，或者只求天倫諧和，諸如此，生活純潔的美才眞正顯露出來，借用朋霍費爾所說：「它是塵世間的美，儘管它有其自身適宜的位置，對我來說，我必須承認這是唯一一種能打動我的美」（《獄中書簡》）。

金聖嘆是一個心理需要很多的人，但又不是那種不知足的人，他的哲學是快樂哲學。比如上文的交友、談天、飲酒，只要有一時的暢然，便感覺到生活的快樂。不只此數事，《水滸傳》第十二回批：「天下之樂，第一莫若讀書，讀書之樂，第一莫若讀《水滸》」又《西廂記·拷豔》批：

昔與斫山同客共住，霖雨十日，對床無聊，因約賭快事，以破積悶。

……

其一，十年別友，抵暮忽至，開門一揖畢，不及問其船來路來，並不及命其坐床坐榻，便自疾趨入內，卑辭叩內子，君豈有斗酒如東坡婦乎？內子欣然拔金簪相付，計之可作三日供也，不亦快哉。……

其一，街行見兩措大執爭一理，即皆目裂頸赤，如不戴天，而又高拱手，低曲腰，滿口仍用「者也之乎」等字，其語刺刺，勢將連年不休。忽有壯夫掉臂行來，振威從中一喝而解，不亦快哉。……

其一，朝眠初覺，欣聞家人嘆息之聲，言某人夜來已死，忽呼而訊之，正是一城中第一絕有心計人，不亦快哉。……

其一，夏日於朱紅盤中，自拔快刀，切綠沉西瓜，不亦快哉。……

其一，久欲為比丘，苦不得公然吃肉。若許為比丘，又得公然吃肉，則夏月以熱湯快刀割頭髮，不亦快哉。……

其一，身非聖人，安能無過。夜來不覺私作一事，早起怦怦，實不自安。忽然想到佛家有布薩之法，不自覆藏，便成懺悔。因明對生熟眾客，快然自陳其失，不亦快哉。……

其一，讀《虬髯客傳》，不亦快哉。

有人說，中國的文化是「樂感文化」，於人生的苦痛全然不計，痲木得很；

對人生的快樂，津津樂道，乃至以苦爲樂。但中國人的「樂感文化」的「樂」並不如我們所相信的那樣與西方「罪感文化」或印度「苦感文化」的「罪惡」，「苦難」相對立。中國人所講的「樂」的反義詞是「煩惱」，多欲以求的狀態。王艮說：「人心本自樂，自將私欲縛」，人生的不快樂不是人所受的苦難，人的孤立無援，而是人的欲望的膨脹，人追求不休的煩惱。所以中國人的快樂很有些道家自由不羈的哲學意味。另一方面，金聖嘆很善於發掘生活裡的快樂，哪怕些微小事後的聊博一笑，他的「不亦快哉」諸事，少有智慧的幽默，人情的洞察的深層維度，都是一笑而已的小事，而且這些小事大多只是感覺生理上的愉悅。金聖嘆的確是懂得快樂的人，他把快樂從道之樂、德之樂還原爲快樂本身，快樂是且只是快樂而已，不是悟道、進學、善德的載體。「洗一個澡，看一朵花，吃一頓飯，假使你覺得快活，並非全因爲澡洗得乾淨，花開得好，或者菜合你口味，主要因爲你心上沒掛礙，輕鬆的靈魂可以專注肉體的感覺，來欣賞，來審定」（錢鍾書《論快樂》）——「這既不是將自身化入傳統理性的所謂『名教之樂』，也不是超越自我，與天爲一的所謂『觀物之樂』而是從自己的現實生存出發，實現自己多層次的生存需要的人生之樂」（成復旺《中國古代的人學與美學》），以自我需要、自我精神的充分適意爲人生的快樂和目標，正惟如此，它具有個性解放的性質。

這應當把金聖嘆對人生短促的認識，如《水滸傳》第十四回批（見本書另章），與快樂的理解聯繫起來。當一個人覺著人生只彈指一揮間的迅疾時，他必定於人生還未徹底失望，人生還有快樂可尋。人生全無樂意，只會嫌人生長了，若佛教所謂人生大悲大苦，自然引導出捨棄生活以求解脫法門之舉了。錢鍾書先生《論快樂》一文說：「嫌人生短促的人，眞是最『快活』的人，你要永久，你該向痛苦裡去找」。《管錐編·太平廣記卷六八》：「常語稱歡樂曰『快活』。快，速也，速，爲時短促也，人歡樂則覺時光短而逾邁速，即『活』得『快』」。人生苦短，總是酒酣耳熟，秉燭夜遊後的感嘆。

# 生存還是毀滅？這是一個問題

## 狂與狷

儒家把主流之外的，他們並不全然認同的人格分爲「狂」和「狷」兩種，《論語．子路》：「子曰：不得中行而與之，必也狂狷乎！狂者進取，狷者有所不爲也。」朱熹《集注》：「狂者志極高而行不掩，狷者知未及而守有餘」梁漱溟發揮說：「狂者志氣很大，很豪放，不顧外面，狷者狷介，有所不爲，對裡面很認眞，好像各趨一偏，一個左傾，一個右傾，兩者相反，都不妥當。然而孔子卻認爲可以要得，因爲中庸（不）可能，則還是這個好。其所以可取處，即在各自其生命眞處發出來，沒有什麼敷衍牵就……狂狷雖偏，偏雖不好，然而眞的就好。——這是孔孟學派的眞精神眞態度」（引自《狂出眞性情》）。

理念如此，落實到具體，落實到歷史的現實又如何呢？兩個人的經歷頗能說明「狂」與「狷」的同質異構，相同的學術評價，不同的現實命運：嵇康、阮籍。嵇、阮皆以大才處危世，率多放浪不經，逾越禮法，自命正統之外，而嵇遭橫殺，阮得無事。錢鍾書先生析其二人處世之異，《管錐編·全之國文》「與山巨源絕交書」條：

嵇、阮皆號狂士，然阮乃避世之狂（——即筆者理解的狷），所以免禍；嵇則忤世之狂，故以招禍。避世陽狂，即屬機變，跡似任真，心實飾偽，甘遭誹笑，求免猜疑，故作痴愚而適合時宜，即是明哲。忤世之狂則狂傲，稱心而言，率性而行，既「真性狹中，多所不堪」，而又「有好盡之累」，「不喜俗人」，「剛腸疾惡，輕肆真言，遇事便發」，安望世之能見容而人之不相仇乎？此「龍性」之未「馴」；煉鋼之柔未繞指也。夫疾惡直言，遇事便發，與口不議人過，立身本末大異，正忤世取罪之別於避世遠害也。阮《答伏義書》河漢大言，不著邊際，較之嵇《與山巨源書》，一狂而夸泛，一狂而刺切，相形可以見為人焉。

「夫狂者志存尙友，廣節而疏目，旨高而韻遠，不屑彌縫格套以求容於世」（王畿《與陽和張子問答》），「夫狷者之爲人，踽踽獨行，涼涼無親，世俗指爲孤僻古執者是也。子可交之人，亦有所不交；可取之物亦有所不取。易於退而難於進，貪於止而吝於行」（陳天祥《四書辨疑》），「狂」與「狷」實是迥然相異的兩種人生哲學，雖然兩者同處於「克己」、「中庸」的主流之處。「狷」近道家，「狂」者更近於激進之儒家，懷一顆入世有爲之心，卻偏不爲正統名教之儒所容納，必除之而後已。余嘉錫看到嵇康「現實關懷」這一點，他評嵇康：「乃心魏室，菲薄權奸，卒以伉直不容，死非其罪。際正始風流之會，有東京節義之遺」。以狂而命運多舛者，可以列出一大排名字，比如李贄，比如現代的梁漱溟。

金聖嘆也以「狂」自名和被名，《沉吟樓詩選·題淵明撫孤松圖》：「愛君我欲同君住，一樣疏狂兩個身」，是自道。他喜歡阮籍之狂，《杜詩解》：「愁悶之來，如何可遣？要惟有放言自負，白眼看人，庶可聊慰」，即取阮籍「青眼白眼」之典，可走的卻是嵇康之狂的路，「我輩一開口，便疑謗自興」。不說哭廟之事，單說他爲人所頻道的幽默，平常幽默「談言微中，可以解紛」，他的幽默卻是「死且侮人」（《清稗類鈔·譏諷·胡桃滋味》，見前引）。《無能子》卷中有分析嵇康致死原因的一段話，可移作金聖嘆之謂：「（嵇康）有藻飾之才，無冥濛之機，如執明燭，煌煌光輝，穹蒼所惡也。」《貽山巨源絕交書》，其間二大不可七不堪，皆矜己疵物之說，時之所憎也。夫虛其中者，朝市不喧，欲其中者，岩谷不幽」，無非兩點，一太聰明，什麼都看得清楚，人情世故、陰險狡詐；二太傲氣，自矜其能而目無他人。前者令人忌憚，必生去之之心；後者令人難忍，必有掊之之憤。陳登原《金聖嘆傳》說：

聖嘆所以自號「聖嘆」之故，一則白眼覷人，痛砭時世；再則自居曾皙，放浪形骸。

大抵聖嘆才氣橫溢，不屑依傍門戶，欲思發為創見，則自多悍怪之論……徒忉流俗之不安……則令理學者以不滿，千夫所指，無疾自死，繩物過苛，殊非明哲。

在聖嘆本人，以才子繩量人物，以駿快月旦世故，不失為愜意之舉措。然而如時代何？如世俗何？

又邱煒萲《菽園贅談》卷七：

聖嘆憤時傲世，意以天下事無不可以遊戲出之。

如此種種，當然為天所惡，爲時所憎了。依照許紀霖的分析「狂」者的哲學、心理依據是「良知的傲慢」，個人的良知與天相通，又覺天命在身，眞理之優越，「自然超凡脫俗」，做得個不羈的胸次（《狂出眞性情》）。可是，若在一個氣勢恢宏，雍容大度的時代，狂者也許是可幸運的，但眞正有幾個能容忍狂者的時代？開元盛世還有李白的坎坷，遑論其它。不說俗庸之人容不得狂性，即令讀聖賢書，倡聖賢意的士子，有幾個能容忍認同「狂」亦好？衛道等同於「攻乎異端」。金聖嘆同時代之歸莊，他便有「奇之號」，「歸奇顧（炎武）怪」，可偏偏是他，掊擊金聖嘆最烈，必殺之而後已，歸莊《玄恭文集·誅邪鬼》：「金聖嘆其人，貪戾放僻，不知禮義廉恥。嘗批評《水滸傳》，余見之曰：『此倡亂之書也』，又批評《西廂記》，余見之曰：『此誨淫之書也。』惑人心壞風俗，其罪不可勝誅矣…余未嘗不快金之死，但恨殺之不以其罪耳。」金聖嘆被冤殺尚有人快意，他如何能夠以壽終？令人不寒而慄。

狂而遭忌，似乎金聖嘆也明白自己的性格和處境，可就是不改。《杜詩解》卷二《猿詩》：「艱難人不免，隱現爾如知」；金批：「君子處艱難之會，殺身成仁，其正也；爲蛇爲鱉，其奇也，正不廢奇，奇不害正」，又「艱難之及，免者幾人？隱現之間，爾宜早計」，據考，這是他刑死前一年的批注，深明艱難之及和保身之策，可終於不免予艱難，固其所自知也。俞樾《茶香室從鈔》卷十七引一詩，託名聖嘆：「石頭城畔草芊芊，多少痴人城下眠。惟有金生眠不得，雪霜堆裡聽啼鵑」。

在歷史長河中前溯後瞻，不光嵇康、李贄、金聖嘆之流，凡中國不肯媚俗阿世，以眞性情流露狂性者，必也不見容於時世。中國是一個有博大、沉重文明的國度，正統、世俗力量像一個無可阻擋的旋渦，凡不順於它者必被吞噬，若想保命全身，必以順時逐流爲要。中國傳統文化的維護道統、維護世俗穩定的傾向，是這種文化的傳承，生存的巨大動力與向心力，而巨大機體的存活與保持完整，必絕決地反對任何有渙散傾向的勢力，所以，中國文化造就狂者，它也是鏟除多元異端最可怕的力量，像天文學上的「黑洞」，沒有個體能夠逃逸出它的吸納，絞殺。中國傳統文化所塑造的人格是如工廠機械化生產的產品，模式化的「類人格」，這種人格整齊劃一，每一個個體都印映著整體的特點，它埋沒、取消著個性，個性越是埋沒、取消得越徹底，「類人格」的獲得也就越完全，像以磚砌的厚厚的牆，嚴絲合縫，沒有一塊突兀而出。

誰都承認中國傳統文化是偉大的，它綿延數千年，不以離亂而中斷，是罕見的，任何人在它面前都會被震撼，可它作爲整體運作起來，又那麼可怕，絞碎一切代表個性、獨立、超越的思想、精神和行爲。它以無數個體的犧牲維護它的榮光。在中國，無論過去、現代，個性永遠是個悲劇，文化的悲劇。中國文化總証明著一條定律：整體大於個體之和。

無言，只能一聲沉重而悲涼的嘆息。

## 從虛無找到人本身

金聖嘆給人感覺是個活躍的人，轟轟烈烈地說話，血氣方剛地行事，不知疲倦。他的詩文批評，就像一個演員在台上熱鬧地獨白，表現著自己人生的方方面面，細屑卻不令人生厭。台下的觀衆驚詫於他的能言雄辯，在精彩處喝彩不已，大家都覺得痛快淋灕，駡得人痛快，愛得人痛快，聽得人痛快。可是，當戲演完，幕布即將拉上時，演員露出了他的另一面：滄桑，世事已然看透，笑容之下深沉的凄苦。哪一個是更眞實的他？

歡笑、喧囂、愛好熱鬧的金聖嘆是眞的金聖嘆，情緒的高揚與擴張，讓他的生命火熱飛揚，可這只是一部分眞實，它並不能掩藏住另一面的眞實：夢，人生若夢，世事若夢。夢亦如風，飄曳不定。

金聖嘆有著徹底的虛無主義傾向。這是他受佛教影響的緣故，他的虛無全有宗教的超脫意味。《水滸傳》第十三回批：

一部書一百八人，聲施爛然，而為頭是晁蓋，先說做下一夢。嗟呼！可以悟矣。夫羅列此一部書一百八人之事跡，豈不有哭、有笑、有讚、有罵、有讓、有奪、有成、有敗、有俯首受辱、有提刀報仇，然而為頭先說是夢，則知無一而非夢也。大地夢國，古今夢影，榮辱夢事，衆生夢魂，豈惟一部書一百八人而已，盡大千世界無不同在一局，求其先覺者，自大雄氏以外無聞矣。真蕉假鹿，紛然成訟，長夜漫漫胡可勝嘆！

道家也講虛無，可它首先承認眞實的存在，然後把這個眞實消解等同於虛無。它首先承認世事、人生，有笑、有罵、有成、有敗，然後透過心理調節，哲學上的相對主義轉化，變得寵辱不驚，成敗如一，道家的虛無是一個消解對立的過程，人則在消解中超越實存。金聖嘆式的釋家之虛無主義則根本不承認眞實的存在，存在只是意念的認定而已，所謂世事的紛擾不過是意念搖擺動盪的投影，風吹幡動，風動？幡動？實是心動也。既然這樣，「俯首受辱，提刀報仇」等等，只是意念的幻象與「妄想」，如同「竹影掃階塵不動」的境界，外界的紛繁蕪雜並不影響心靈的平靜。釋家的虛無是捨棄外在客觀的徹底的虛無。龐樸《說「無」》中說，「亡」是「有而後無」，「無」是「無而純無」，作大略類比，則前者是道家的虛無，後者是釋家的虛無。

把世事歸結到「夢」、「妄」，讓人直面虛幻，在一無所有面前再思考：人怎樣活？當渺小、卑微不能讓人忍受時；當崇高、偉大也不能讓人忍受時（世事的崇高總是欺騙，如王朔輩所說：「逃避崇高」），人便只有逃避兩者，躲進虛無，至少虛無本身是純潔的。已經遠離了偉大、渺小兩極，虛無的態度也就深刻而清醒，海德格說：「只有面對虛無，才能想存在」，這大概是虛無的意義吧。虛無讓人不承認實存，不承認自我標榜式的崇高感的實存。也不承認自我作賤的卑微感的實存，它只承認眞實的虛無，在虛無的立場上，自我與他人是平等、和諧的，《杜詩解》卷二〈早起〉金批：

> 無量劫來，生死相續。無賢無愚，俱為妄想騙過。如漢高縱觀秦皇帝，喟然嘆曰，大丈夫當如此矣。豈非一肚皮妄想？及後置酒未央，玉卮上壽，

卻道，季與仲所就孰多？此時心滿意足，不過當日妄想圓成。陳涉輟耕壟上曰，富貴無相忘。此時妄想與漢高無別，劉後為王沉沉，不過妄想略現。阮嗣宗登廣武觀劉項戰處曰，遂使孺子成名。亦是此一副肚腸，一副眼淚，後來身不遇時，托於沉冥以至於死，不過妄想消滅。或為帝王，或為草竊，或為酒徒，事或殊途，想同一轍。

治國平天下，是「內聖外王」的崇高理想，君子爲之弘毅不已。可當我們眞正地追溯「治國平天下」的內在實質時，我們能相信它是：崇高理想？人生的價值追求？劉邦是一個「治國平天下」事功成功的例子，可他的心滿意足在於「季與仲所就孰多」；陳涉亦可算成功，即使成功也不過「爲王沉沉」而已；阮籍何等意氣風發，最終只能「托於沉冥」。崇高理想即是妄想，美夢，它被冠以「崇高理想」四字時，只是功成名就後的粉飾，實際不過一個草竊，一個狂徒的人生妄念囈語耳。眞的要在事功成敗榮辱上較量人生的意義？可「哭笑、讓奪、成敗」乃是時間長河中的「劫來劫往」，「無賢無愚，俱爲妄想騙過」。

金聖嘆拒絕著崇高的意義。所謂「崇高」、「要緊」等等一類詞，總是心滿意足，躊躇滿志時把現實順境化成未達此境而追求不已的堂皇藉口，並以這種孜孜以求作爲人生的意義。如道德家言，沒有崇高理想、崇高追求的人生是毫無意義的人生，果眞如此嗎？那人本身在哪裡呢？附屬在「崇高」之下嗎？「徒知緊要之緊要，而不知世上之所謂緊要，乃山中之所謂扯淡，眞可笑亦可哀也」（《水滸傳》第五十二回批），人生哪有什麼緊要之事，有的是扯淡。人生的意義要在虛無之中找尋，人在虛無主義的態度中才會放下與世事的競逐浮沉之心，找到眞我。我在生活著，而不是爲妄想所鼓動而活，活著本身便是全部意義，它不爲什麼而活。活著以外的是虛無。「吾嘗晨起開戶，竊怪行路之人紛若馳馬，意彼萬萬人中，乃至必無一人心頭無事者」（《水滸傳》第二十三回批）心靈爲世事的重壓，束縛才會迷失，當世事成爲夢和妄想時，心靈的空靈便剝去油彩斑駁的裝飾，本眞的純潔顯現出來。

找到虛無，也就找到了人。

## 悲憤，生命解答的延宕

以現代觀點看，文本總力圖消隱著作者，文本走向自我顯示。可文本顯示什麼呢？除開文本自身的結構、所指，文本畢竟還顯示作者，可以取消作者的決定文本作用，可不能抹去作者的影子。對於曹雪芹、施耐庵生平事跡最縝密的考証也未必能了解他們是怎樣的人，歷史只留心事件的精確與否，而放棄「人」的探討；可從《紅樓夢》、《水滸傳》的文本解讀中，即使最馬虎的讀者也能感覺出曹雪芹、施耐庵的情趣、好惡等等個人信息。文本時時顯示著作者的情感、性格意志等等，比歷史考索豐富、可靠得多，哪怕文本本身的所指與作者的現實生存並無直接關聯，哪怕文本的結構是自我宣泄強烈的詩歌，或者純客觀描述的小說，或者金聖嘆批評《水滸傳》一類的文字——從這些批評文本裡，總能感到金聖嘆生命元氣的流動。

《水滸傳》第六至十五回的金批中，有一個有趣的現象：金聖嘆在批評裡頻繁使用「豪傑悲憤」一類語詞，而在此前後的章回裡則很少見到。可以肯定，拈出「悲憤」一類概念擬之於這數回中出現的林沖、楊志，乃至阮小七等人物上，即是小說文本自身的顯示所在，也是批評者金聖嘆人格的體現，因為就文本而言，阮小七等次要人物被賦予「悲憤」的評價顯然是批評者誇大了，所以「悲憤」的感受是金聖嘆批評這數回時，自己獨特的心理感受，並且有些不論合適與否地泛化使用傾向。也許現實生活中，在金聖嘆批評《水滸傳》第六至十五回時，有一些事件引發金聖嘆不已的「悲憤」感受，從而施之於批評文字，可惜這些事件已無從確証。

《讀第五才子書法》：「……武松粗魯是豪傑不受羈鞠，阮小七粗魯是悲憤無說處……」；《水滸傳》第六回金批：「寫英雄在人廊廡下，欲說不得說，光景可憐」；第十回批：「何必是歌，何必是詩，悲從中來，寫下一片」。

第十四批：「只說得官司糊塗，及快活不快活等語，見豪傑悲憤」。

「古之君子，受命於內，置事於外，竭忠盡智，以圖報稱，而終亦至於身敗名喪，為世僇笑者，豈得不為之深痛哉！」。

如果只是一個平庸的人，於世界的羞辱壓迫也會有「悲」的感覺，如「悲苦」、「悲傷」之類，它發之於口，就是「勞苦倦極，未嘗不呼天地；疾痛慘澹，未嘗不呼父母也」。但「悲憤」的情緒只屬於英雄豪傑，司空圖《二十四詩品》之「悲慨」：「大道日喪，若為雄才，壯士拂劍，浩然彌哀」，悲慨，悲憤屬於雄才、壯士；屬於劍氣簫聲；發之於口，屬於浩然慷慨之歌，屬於無從說起的可怕沉默。

「悲憤」是什麼？是林沖、楊志的「閃得我有家難奔，有國難投，受此寂寞（待走哪裡去？）」；是阮氏三雄的「我弟兄三個的本事又不是不如別人，誰是識我們的？」表面上它是人內在肯定（「若為雄才」）與實際境遇否定（「大道日喪」）的巨大反差；更深層裡，卻是人的存在的徹底反思。當人類面對著難題、困境，感到無能為力時，生理的情緒渲泄而呼天搶地，即「悲哀」、「悲傷」；由此更進一步，激起對自身存在的疑問：我是真實的嗎？我的存在是合理的嗎？加於我的困頓、苦難是善的嗎？我是否需要改變？改變又是善的嗎？……這些疑問形諸於外，便是「憤」與「慨」。「悲哀（傷）」的情緒是刺激——反應的生理過程；「悲憤（慨）」則是自我意識的哲學反思。人的難題是由於存在與期望的衝突而產生，自我意識就在於認識到自我是一個難題，不是單純的苦或樂的狀態，而是一個尋求解答的疑問。自我意識作為一種反思而對自我及現實的終極價值提出懷疑。

金聖嘆找到「悲憤」二字，是看到了如林沖、楊志輩的人生困境，不僅僅是現實中遇不遇的問題，而是在現實步步壓迫下不斷延宕、變化的對於困境的解答的心理過程。許多文學評論都指出林沖的性格：逆來順受。在我們看來，逆來順受並不是他的性格因素，而是他的反思：他想以和平的方式，以維護社會一體化為前提，在社會主流系統內完成困境的解答。為了被社會接納，他接受壓迫，依從良心的退讓和偽善。而之所以念念不忘「掙扎得回來」，希冀被過去的生活重新接納，是因為在社會主流系統內的順應不必付出心理的動盪、精神的拷問為代價，雖然蹇促，心裡卻是平靜的。當順受不能回應現實的壓迫，不得不游離於社會主流之外，以強烈、非和平方式解決問題時，自我意識批判地反思著精神，林沖投奔梁山前的一剎那是悲憤最強烈的時刻：

林沖又吃了幾碗酒，悶上心來，驀然想起（金批：無限感痛在驀想中說來，情深百倍）：「我先在京師做教頭，每日六街三市遊玩吃酒，誰想今日被高俅這賊坑陷了我這一場，文了面，直斷送到這裡，閃得我有家難奔、有國難投、受此寂寞！」（金批：一字一哭，一哭一血，至今如聞其聲）因感傷懷抱，問酒保借筆硯來（金批：十二字寫千載豪傑失意如畫），乘著一時酒興，向那白粉壁上寫下八句（金批：何必是歌，何必是詩，悲從中來，寫下一片），……。

黃宗羲《謝皋羽年譜游錄注序》中說：「逮夫厄運危時，天地閉塞，元氣鼓蕩而出，擁勇郁遏，坌憤激訐，而後至文生焉」，這幾句話正是林沖之謂也，施耐庵之謂也，金聖嘆之謂也。

「對人的處境的最有價值的洞察，是透過遇到巨大挫折時的詫異和震驚得到的，正是在苦惱中，人對自己成了一個難題。長期被他忽視的東西突然湧現在痛苦的意識中」（赫舍爾《人是誰》），也許無論中西，人類面臨困苦的反思是一致的。「詫異」、「震驚」、「苦惱」，赫舍爾不斷變幻著用詞，表達著同金聖嘆一樣的意思。不得不承認，所有這些詞彙都不如「悲憤」對於人性的揭示來得準確而深刻。也許一帆風順的赫舍爾對於人生的感受趕不上金聖嘆對人生大喜大悲的震撼的感悟吧。

## 俠之美，俠之夢

宋代張來在《司馬遷論》中評價這位中國最偉大的史書作家：「司馬遷尙氣好俠，有戰國豪士之餘風，故其爲書，叙用兵、氣節、豪俠之事特詳」。這也揭示了一個歷史上的有趣現象：俠客，作爲一種職業，經歷了戰國時代的高峰，至漢代已日趨消亡，漢代以後湮沒無聞，現實中已不復存在。可它作爲一種文學意象，在文學作品中卻屢屢出現，無論詩歌、戲曲還是小說。由此，可以窺見，「俠」作爲一種精神，並未隨著俠的主體——俠客的消失而滅亡，而是越出俠客的職業範疇，爲中國讀書人、士子所承繼，所謂「千古文人俠客夢」（可參見陳平原《千古文人俠客夢》）。

不光司馬遷，大凡中國對現實有些激烈反叛的人，或者生命力旺盛、渴望一種生命飛揚狂飆的人，都有尚氣好俠的性格。前者對現實深感不滿而託志於遊俠劍客，如張潮《幽夢影》所說：「胸中小不平，可以酒消之；世間大不平，非劍不能消之」，司馬遷正是如此，「遷遭李陵之難，交遊莫救，身受法困，故感遊俠之義，其辭多激。……咨嗟慷慨，感嘆宛轉」（《史記評林》卷一二四）；金聖嘆也這樣以爲，《讀第五才子書法》，《史記》須是太史公一肚子宿怨發揮出來，所以他於「遊俠」、「貨殖」傳，特地著精神，乃至其餘諸記傳中，凡遇揮劍殺人之事，他便嘖嘖賞嘆不置，一部《史記》只是「緩急人所時有」六個字，是他一生著書旨意。

而渴望一種生命飛揚澎湃的人好俠，是希望成就一番「俠骨」、「俠氣」的氣質精神，「豪氣」洗儒生酸」（蘇軾《約公擇飲是日大風》），「俠客」獨立不羈的個性，豪邁跌宕的激情，以及如火如荼飛揚燃燒的生命情調，確實令文弱書生心馳神往。……文學史上脾氣奇倔、詩風浪漫的文人，一般都會對「遊俠人」的生活方式表示某種讚賞，乃至羨慕（陳平原《千古文人俠客夢》），這樣的文人，當然包括金聖嘆。

何謂俠？司馬遷《遊俠列傳》：「其行雖不軌於正義，然其言必信，其行必果，已諾必誠，不愛其軀，赴士之厄困。即已存亡死生矣，而不矜其能，羞伐其德，蓋亦有足多者焉。」金聖嘆便依據此來評價《水滸傳》中的草莽人物，若是具一副肝膽、一腔熱血、濟困扶危，便是聖人佛祖，並不以盜寇強梁目之；若是虛於委蛇，瞻前顧後，直是醜人，連強盜都算不上。金聖嘆爲前者喝彩不已，人生的迂腐、陳酸都在喝彩聲中一洗而盡，只剩下顯示生命跳蕩的萬丈雄心和豪氣。《水滸傳》第二回批：

寫魯達為人處，一片熱血直噴出來，令人讀之深愧虛生世上，不曾為人出力。

第四十三回，戴宗道：「不若挺身江湖上去，做個下半世快樂也好。」金批：

挺身二字妙絕。做事業要挺身出去，了生死亦要挺身出去，挺身真是出世間之要訣也。

第五十一回，「李逵道：『我使走了，須連累你』。」金批：

至性人語。純是一團道理在胸中，方說得出八個字來。……必如此人，方能與人同生同死，他人只是閒時好聽語耳。

施耐庵作《水滸傳》本就有許多章回如王望如所評：「慕孟嘗之名，行郭解之事，……輕財好施，解危濟困，患難人多歸之，當入太史公《遊俠傳》」，可作武俠小說讀，而金聖嘆把其中的俠義之舉、之情，酣暢淋漓點出，使滿書俠情跳蕩，義氣感人。施耐庵之作《水滸》，百年而下金聖嘆之評《水滸》，於俠武之夢，竟然相通，可謂百年同夢，對於俠的感受是一樣的。

俠是一種精神，一種生命力的雄壯之美。它代表著對於社會、生活的積極的人生態度，而這種積極又以不羈的氣質、非循規蹈矩的方式來完成。在對生命的肯定上，它是最自信的，一個具有俠氣的人，就會有幫助他人，戰勝危難的能力的自信，它對他人的生活總是積極參與。而且，它對生命的肯定又是最個性化的，並不屑於把自己的行爲容納於社會的正統體系，而是按照自我的道德、價值標準行事，甚至不惜對抗社會的正統體系。司馬遷說「俠以武犯禁」，「武」是手段，「犯禁」才是精髓，在積極張揚個性，想像自我的能力取代社會規範的運作，而完成後者難以完成的事時，相信可以不依據社會公共標準而認定自我的價值標準時，人生便閃現出光芒四射的美，像雪萊筆下的西風：

我若是一朵輕捷的浮雲能和你同飛，
我若是一片落葉，你所能提攜，
我若是一頭波浪能喘息於你的神威，
分享你雄強的脈博，自由不羈，
僅次於，哦！僅次於不可控制的你；
歲月的重負壓制著的這一個太像你；
像你一樣，驕傲、不馴，而且敏捷。

——雪萊《西風頌》

中國正統文化塑造出的是「類」人格，像流水線上加工的產品，而士子們千年同做著俠義之夢，是在俠義的精神中渴望找到自由與「個性」飛揚之美以對抗和抵消正格人格，正統人生之路所顯出的整齊的暮氣。龔自珍詩：「一簫一劍平生意，負盡狂名十五年」（《漫感》），俠之美，在劍氣的淩厲、簫心的蒼涼中、在人生的狂放中。

也正是俠之人格總對抗著正統人格，俠之人格只在文化的多元時代閃現。如戰國時代，漢唐的前期。而在文網密佈、正統專制的時代，俠之人格的結局恐怕不太妙。金聖嘆即是一例，他能在王綱解紐的明末，以狂放之名活著；卻不能在清初治世，以打抱不平而存。他在哭廟風潮中的所做所爲，確有俠義之風。（見前〈話說金聖嘆〉）如他自己所言：「做事業要挺身出去，了生死亦要挺身出去」這「了生死」云云，眞成了他人生之讖語？

他終於挺身赴難，帶著某種人生之美。

## 真善美的扭曲

### 「真」沒有了，「善」、「美」還有嗎？

一個命題：中國傳統文化缺乏批判精神和懷疑精神。這是就大體、主體而言。就非主流而言，文明否定思潮，如道家；政治批判思潮，如儒家激進派，都值得稱道，顯然它們並不一定是現代意義上的理性反思，可是它們在文化上實踐的影響式微得很，這種精神也缺乏歷史脈絡的承繼。而在倫理道德範疇內的對傳統的批判和懷疑精神，不說實踐的效應，即便是理念上的閃光點也微乎其微，佛教似乎帶來過對中國本土倫理綱常的衝擊，可很快湮藉無聞了。

金聖嘆不是那種具有從哲學高度否定和反思所處時代之精神的人，這妨礙了他最終成爲一個思想者。但他也不是那種隨世浮沉小心翼翼的人，他有自己的個性，自己的感受，且敢說話，這使他雖沒有超越所處時代去預言什麼新的精神，但他做到了遊離於現時代主流，正統體系之外，一個異端分子。他是所處時代廟堂所宣揚的「道統」、「正統」的搗亂者和蔑視者。以「崇高」爲遮掩的正統道德，禮教已遲暮得如同漆一層亮麗色彩的垃圾桶，金聖嘆常常惡作劇地掀起亮麗的桶蓋，讓人看到眞實。

比如宋江這個人物，《水滸傳》中的塑造可以說符合正統道德的所有標準，一個完善的個人，仁、德、忠義、謙，他是行動上的造反英雄，卻並不是精神上的叛逆者，他對所造反的社會宣揚的種種有強烈的認同感。金聖嘆對這個「完人」表現出怒氣沖沖的厭惡，在他之前、之後似乎還沒有哪一位《水滸傳》的研究者、評點者以這樣的情緒化態度評價宋江，「若寫宋江……驟讀之而全好，再讀之而好劣相半，又再讀之而好不勝劣，又卒讀之而全劣無好矣」（《水滸傳》第三十五回批），又「天下之人，而至於惟銀子是愛，而不覺出其根底，盡爲宋江所窺，因而並其性格，亦遂盡爲宋江所提起放倒。……宋江以區區猾吏，而徒以銀子一物買遍天下，而遂欲自稱於世爲孝義黑三，以陰圖他日晁蓋之一席」等等。宋江評價之是與非且不論，的確金聖嘆對這麼一個人物，帶有太多的情緒化傾向，不免有深文固納之嫌，但撇開具體情境，金聖嘆是在藉此直斥所謂的「善」、「好」的光環之下的虛僞和奸惡的陰影。

如果聯繫另一段話，金聖嘆從情理上（而非哲學上）對道德價值地懷疑和否定精神將會看得更清楚，《水滸傳》第四十二回：「這裡宋江與晁蓋在寨中每日筵席，飲酒快樂，與吳學究看習天書……」，金批：

宋江與吳用看天書，誰則知之？然則宋江自言與吳用看天書耳，可發一笑也。因是而思昔者巢父掛瓢，許由洗耳，千古相傳，已成美譚。然亦誰知之而誰言之？若言有人見之，別有人見之之處，巢許不應為此；若言無人見之，然則巢許自掛之，自洗之，又自言之矣。世間此類至多，胡可勝笑。

巢父、許由的名氣不必多渲染，在中國封建社會，他們直成爲避世高蹈、獨善其身、不合作精神的偶像。而中國士大夫乃至平民百姓都多少有些隱逸淸高的人生態度的，可以說巢許所反映出的人格力量是中國士人人生態度中潛隱層面的基礎。可是金聖嘆卻要把「清高」、「遁世無悶」拉下馬來，因爲他看到了高蹈之下的一個悖論：崇高與虛僞的糾纏和合一。

「達則兼善天下，窮則獨善其身」，如果分作兩句看，則反映了廟堂文化（前者）與山林隱逸文化（後者）的區別。這是截然不同的兩種文化層面，張岱年、程宜山論証：「廟堂文化與山林文化的對立是全面而深刻的，（兩者）在思想體系上具有不相容性」（《中國文化與文化論爭》）。可是事實上兩種文化常常是集於一身的，「中國沒有嚴格的貴族制度，讀書人憑徵聘科舉進入仕途，宦海浮沉，升遷不定，進退莫測。這樣，他們不僅需要積極有爲的人生哲學，一旦失意，也需要消極恬退的人生哲學」（《中國文化與文化論爭》）。中國人的人生必須具備兩套彼此不相容的處世哲學，否則難以爲社會所包納。而兩者的栓縛在一起以達某種平衡、和諧態，從心理學上講，是一個要花大精力和強心理承受力的事情，而且也不大可能把這對立的兩元長久平衡、和諧於一體，於是產生一個問題：失衡。試看中國歷史上有哪一個人在「廟堂之高」、「江湖之遠」的兩極轉化中保持平和的心？不驚不喜，不怨不嘔？失衡意味著心理和人格的病變。

既然不相容的兩者不可能平衡於一體，而又不得不以平衡、和諧的面目顯示於外，人總不能以人格的分裂示衆，所以，內外的不同——也必造成以虛假來掩蓋之的行爲，或以兼濟爲名而埋隱逸之心，或以遁世爲名而掩熱衷之心，如所謂「終南捷徑」。廟堂文化是功利的、入世的，山林文化則是審美超越之心，是對人類自強有爲的道德理想的破壞；以審美超越的外表遮掩功利仕宦之心，則是對人類美的理想的褻瀆了。金聖嘆看清了這種虛僞的褻瀆。

金聖嘆用的是邏輯歸謬法。巢父、許由的高蹈之行是隱逸的，怎會有人看到？若有人看到，這種行爲豈不是做給人看的？——這與隱逸淸高背道而馳。若沒有人看到，他人如何知道，口耳相傳？是隱逸者自我宣揚——眞是如此，不也是虛僞的嗎？這種証明方法可以商榷，所透露出的思想卻是先進的。我們道德的基石，我們的理想與實踐之合一實際上是經不住推敲無從証明的，金聖嘆告訴我們，巢許之行爲是「善」的崇高，可深層裡卻是「眞」的扭曲，是以「眞」的犧牲而獲取「善」和「美」表面上的完足。堯讓天下，許由洗耳，不能說許由的淸高傲世不是發自內心，但他的行爲以「千口相傳，已成美譚」爲前提，也就是說，他的行爲遵從內心好惡而放棄外在規範（如利、勢）誘惑，卻不覺中墜入另一種外在規範（如名）的殼中，好比某人逢人便說自己如何拾金不昧，實際他與拾遺不還者有何區別？還是在高蹈中包藏著功利之心，還是疏離了自己「非隱士心目中的隱士，是聲聞不彰、息影山林的人物。但這種人物，世間是不會知道的。一到掛上隱士的招牌，則即便他並不『飛來飛去宰相衙』；也一定難免有些表白、張揚；或是他的幫閒們的開鑼喝道」（魯迅《隱士》）。

無論有意無意，人類總偏離著「眞善美」合一的終極目標的追求，由此，也許可以窺見得以流傳歷史中的善或美，它們是眞善、眞美嗎？那些漂亮的格言警句，那些磨礪不息的人物，那些動人心魄的事跡，若如金聖嘆所歸繆的那樣，它們又有多大的價值呢？——許多人都說現在是一個道德淪喪的時代，一個道德感消解的時代。可放之歷史之中，印證一下金聖嘆的發現，也許這正是一個延續的過程，現在的道德光環的消褪，正是所謂「善」、「美」找不到「眞」的基石的必然崩潰。既然傳統美德克服不了「僞」、「假」的問題，自然在發達物質文明的蹤撞中，利欲名的衝擊中，不堪一擊。

歸到開篇的命題，我們相信，造成如此現象的一個重要原因，在於沒有道德的自我批判。我們所指的批判不是「五四」時代的激進主義的反傳統，也不是六、七十年代虛無主義地消滅傳統（事實上，那恰好是傳統「惡」與「僞」的大暴露），我們只希望對傳統文化多一些理性的思考和實踐勇氣，在這個文化斷裂的時代，給這個傳統一個堅定的基石，給「善」和「美」一個「眞」。

## 純潔，人性的高貴

關於北宋程顥、程頤兩位聖賢夫子有一則軼事，「兩程夫子赴一士夫宴，有妓侑觴，伊川（頤）拂衣起，明道（顥）盡歡而罷。次日伊川過齋中，慍猶未解。明道曰：『昨日座中有妓，吾心中卻無妓；今日齋中無妓，汝心中卻有妓』」（馮夢龍《笑史》）。

禪宗公案中亦有相似的一則。坦山和尚與一道友走上一條泥漿路，他倆遇到一位漂亮女郎，無法跨過那條泥路。「來吧，姑娘」，坦山說道，便把女郎抱過了泥路。道友一直悶聲不響，直至天黑寄宿，才按捺不住地對坦山說：「我們出家人不近女色，特別是年輕貌美的女子。那是很危險的。你爲什麼要那樣做？」「什麼？那個女子嗎？」坦山答道，「我早就把她放下了，你還抱著麼？」（《禪的故事》）

理學之儒、佛教之禪，都追求道德、道行等精神境界的完善與高尙。然而道德、道行的高下由什麼評判呢？是對道德、宗教禁忌的恪守嗎？如程頤或坦山的道友？程頤、坦山的道友的艱苦厲志、嚴守準律的精神和意志比起一般人來難得多，也堅強得多，他們的確爲一個高尙的目標盡心努力著。但不能不說，他們那一絲不苟的道德操守比起程顥、坦山來總顯得多了一分虛僞、陰暗和不近人情。他們以爲道德人性的高貴必是遠離人世世俗的渺遠的目標，所以不惜違反人情世事地擺脫身邊的世俗，以圖靠近目標。然而這種做法如禪宗說的已落第二義，他們不知精神的高尙不是向外的竭力追索，而是內在地超越。高貴的精神來自於純潔、澄淨的心靈，而不是符合禁律的行爲。

《中國大百科全書·哲學卷》「程顥」條評介他的思想：「程顥還提出，自己的心本來沒有內外之分，人的心要像天地一樣，普照萬物。……人們如果知物我本爲一體，物即我，我即物，與物無對，忘其內外，就自然不存在心爲外物所動的問題。誠能如此，其心就澄然無事。無事則定，定則明」。在程顥看來，「有妓侑觴」並不是與道德高尚相截然對立的事情，道也可以在「妓」與「酒」中體現，也不會因「盡歡」相狎而污損，因爲道德的發現是內心純潔渾然的結果，而內心的渾然純潔並不把內外截然分開，物物迥然區別，並不把「妓」、「酒」作爲內心的大敵。心靈只如「寒塘渡鶴影」，鶴過影消不會存留一點痕跡。而心中一旦議定「妓」、「酒」等是不道德的，恰是在內心築起堤防，禁錮不道德的洪水，自此防汎抗洪永無了期。如人們常說的：「不潔的正是不潔的念頭」，心靈是一面鏡子，如果只去照那些所謂不道德的事，它也就只容納不道德的事了；如果對外在事物並不存道德不道德的指認，萬物普照，它自然澄然遼闊，那便是精神高貴了。

金批《西廂・驚豔》本文中描寫崔鶯鶯之美豔：「盡人調戲，嚲著香肩只將花笑拈」，「盡人調戲」在道德家看來定然駭怪不已，美貌如鶯鶯，高貴如鶯鶯豈可「盡人調戲」？這與娼妓何異？金聖嘆卻不以爲然：

盡人調戲者，天仙化人，目無下士，人自調戲，曾不知也。被小家十五六女兒，初至門前，便不解不可盡人調戲，於是如藏似閃，作盡醜態。又豈知郭汾陽王愛女晨興梳頭。其執櫛進巾，捧盤瀉水，悉用偏裨牙將哉。

美的事物並不當有道德上的禁忌，如果有，便不是高貴純潔之美。美以此判高下。漂亮的女子自然而然展現她的美。不會爲誰而遮掩，她也不會顧忌思慮著如何展現，如何遮掩。她的心靈亦如明鏡般的水面，並不爲射來的目光，熱烈的、怨毒的、猥褻的……而掀起波瀾，作興作態。美的高貴是純潔澄淨的，「其一片清淨心田中，初不曾有下土人民半星齷齪也」（同上），美不爲不道德的而改變，也不爲道德的而恪守，它只是像花的開放，自然地散放光彩、色澤。

道德的高貴在於純潔，美的高貴也在於純潔。心靈的純潔使人性高貴。純潔在於混同萬物，以萬物之心爲心，故萬物皆爲心所容納；以心爲萬物之心，故萬物皆不爲心所住留；不思善、不思惡，不爲道德與否的準則所羈絆。純潔的心靈是自然赤子之心，它不會在意於社會的種種尷尬，或者種種鍍金般打著高尚名義的誘惑，心中留住了這些，即是留住心靈的約束、負擔，使心靈走向晦暗、狹小——人便成熟了。「夫童心，絕假純眞，最初一念之本心也。若失卻童心，便失卻眞心；失卻眞心，便失卻眞人。人而非眞，全不復有初矣」，「童心既隱，於是發而爲言語，則言語不由衷；見而爲政事，則政事無根柢；著而爲文辭則文辭不能達」。（李贄《焚書．童心說》）。

《莊子．則陽》說得好：「生而美者，人與之鑒，不告則不知其美於人也。若知之，若不知之，若聞之，若不聞之，其可喜也終無已，人之好之亦無已，性也。聖人之愛人也，人與之名，不告則不知其愛人也。若知之，若不知之，若聞之，若不聞之，其愛人也終無已，人之安之亦無已，性也」。並不執著於善惡，是非的純潔之心是符合人之本性的，符合人性自然是至善至美的。孟子也說：「由仁義行，非行仁義，」仁義不是有意識，孜孜不倦做出來的。恰是沒有仁義之觀念理想，沒有非仁非義之意識禁忌的心靈才能實現這個人類至高價值理想。因爲善辨是非、善惡。美醜的心不能包容下整個世界，也就迷失於世界。空靈、澄淨、純潔之心開放著接納一切，又捨棄著一切，所以能看清和把握世界。

又一樁禪門公案：一位禪客指著石頭問：「三界唯心，萬法唯識」，請問此石在心內，在心外？另一位禪客答：「萬物皆是心之客體，石當在心中」。地藏禪師曰：「著甚來由安片石頭在心裡」（《禪的故事》）。

## 眞人，僞人

讀《世說新語》時，常常弄不懂以王戎之人品如何可以位列「竹林七賢」之一，女兒嫁妝多了心裡不高興，等女兒還回錢物後才眉開眼笑；怕別人偷種了自己的良種李，賣李時把李核都挖出來，如此貪財慳吝，與嵇康、阮籍山濤輩的孤標傲世，落落大度迥然異趣，何可同日而語？王戎的「賢」是一個巨大的反諷？《水滸傳》第四回描寫魯達偷走桃花山的金銀酒器，從後山滾將下去。金聖嘆批：

要盤纏便偷酒器，要私走便滾下山去。人曰：堂堂丈夫，奈何偷了酒器滾下山去？公曰：堂堂丈夫，做甚麼便偷不得酒器，滾不得山耶？益見魯達浩浩落落。

又《水滸傳》第三十七回李逵初見宋江，金批：

要拜便拜，要去便去，要吃酒便吃酒，要說謊便說謊。

難道不能發現嵇、阮的疾俗、灑脫與王戎的慳吝、魯達的偷竊、李逵的說謊幾者之間的共同性？對人生「眞」之追求也。一個人應當按自己的天性說話行事，應當按自己眞實的所思所信所喜，毫無造作地活著。嵇、阮惡俗盡可以白眼向人；王戎愛貨盡可以積慮以斂財；魯達缺盤纏盡可以偷金竊銀。「從眞性流行，不涉安排，處處平鋪，方是天然、眞規矩」（王畿《示丁維寅》），心中所願發諸行動，心行不二方是眞君子、眞小人、眞英雄、眞強盜，賢者之爲賢者正在於此。余嘉錫評王戎：「戎之鄙吝，蓋出於天性」（《世說新語》），「天性」二字揭櫫得妙，雖是鄙吝之事，但出於天性便殊覺不惡；魯達事前事後，心中並不存半點做「偷兒」的念頭，也並不以世俗道德對「偷」的評價來左右自己的行爲，「偷」只是水到渠成做該做的事，是「沒了盤纏，不能餓死」和「李忠、周通二人忒是小器」的想法之下的自然而然的行爲。如果硬要說這種行爲是不善的，那也是「自然的不善」。

倘若心中所喜而呼天下人皆惡之，心中所厭而呼天下人共求之，哪怕所喜求者是禮、義、仁、信，只怕此人已落第二義。僞君子總不如眞小人。眞人爲自己活，不肯扼殺自己的任一心念，無論其合於社會道德抑或悖之；僞人爲他人活，以外在趨馳進退爲內心標準，陽奉於社會好惡評價，陰違於自己喜怒情性，要麼喪失自己，要麼遮掩自己，遂流於無情與矯情。金聖嘆把魯達偷酒器和李忠、周通分車仗作一個對比，《水滸傳》第四回：「周通道：『我們且把車子上包裹打開，將金銀緞匹分作三份，我和你各捉一份，一份賞了衆小嘍囉』；李忠道：『我不合引他（魯達）上山，折了你許多東西，我的這一份都與了你』；周通道：『哥哥，我和你同死同生，休恁地計較』」李、周二人本皆是「不爽利的人」，忽作慷慨之語，金聖嘆不免連批三句：「於偷酒器者優劣如何」？又總批：

大人之為大人也，自聽天下萬世之人諒之；小人之為小人也，必要自己口中戛戛言之，或與其標榜之同輩一递一唱，以張揚之。如魯達之偷酒器，李、周之分車仗，可不為之痛悼乎耶？

人一旦虛僞必然生出掩蓋此虛僞的言行，而這些言行又必與世間最堂皇的仁愛信義之類道德掛上鉤——在金聖嘆心目中宋江也是這樣的「假人」（《水滸傳》第二十五回批），「宋江是純用術數去籠絡人，卻定要說自家志誠質樸」口中斷斷不忘聖賢道德的，心中很可能斷斷乎忘記聖賢，所以老子說：「智慧出，有大僞」，人爲謂之僞，一個人刻意遮掩自然本性，當然也就失掉了自然的本眞，也就失掉了人性的美與善，純潔與光明了。僞永遠與世間高尙的道德情操背道而馳，哪怕是爲了世間最最高尙的仁愛信義道德本身而扭曲天性而僞；它意味著墮落、醜惡、陰暗。吳宓《文學與人生》：「僞善，更爲違背自然，是『裝假』的一種更邪惡的形式」。《無能子．答魯問》：「文，儀也，飾其所行之善也」，「不自然則心生，心生則行薄，行薄則文縟，文縟則僞，僞則亂」。

眞君子眞英雄異於常人，卻也不是刻意求得的，只在自自然然發展自己的本性，善的本性也好，惡的本性也好，如金聖嘆批魯達：「遇酒便吃，遇事便做，遇弱便扶，遇硬便打，如是而已矣」。李贄也有相同看法，《水滸傳》第四十七回：「只見這王矮虎是個好色之徒，聽得說是個女將，指望一合便捉得過來」，卓吾評議道：「王矮虎還是個性之聖人，實是好色，卻不遮掩，即在性命相拼之地，只是率其性耳。若是道學先生，便有無數藏頭蓋尾的所在，口夷行跖的光景」。「見性之人，眞性流行，隨處平滿，天機常活，無有剩欠，自無安排，方爲自信也」（王畿《龍南會語》）。

對魯達、李逵的評價也折射著金聖嘆自己人生體驗中對「眞」、「天性」的看重，由此，我們聯想起薩克雷的一段話：

他有一種值得讚美的天然的對真實的喜愛，本能的對虛假偽裝的憎恨，並具有巧妙的、對之加以譏笑的諷刺才能⋯要是他不是悲天憫人、慈善為懷，他就不會如此英勇，如此寬厚，敢於說實話。

——《英國幽默作家》論菲爾丁

的確，無論是對文本的批評，還是在批評中表露出的對別的事情的看法，金聖嘆都有一股膽量和勇氣，尊重自己的思考，所書所寫必是自己的眞實想法，自己的想法以外的社會規範，世俗制約都忽略不去計較，當然也不顧忌世俗的壓迫、孤立，如他自己所批，眞實的人才具有勇氣，「旁若無人，不曉阿諛；不可以威劫，不可以名服，石可以利動，不可以智取」（《水滸傳》第三十七回批）。

## 愛憎搖擺不定

《水滸傳》第三十一回：「錦毛虎義釋宋江」，說矮腳虎王英搶了清風寨文官知寨劉高的夫人，宋江要放那婦人下山，王英道：

如今世上，都是那大頭巾弄得歹了。哥哥管他則甚？

大頭巾指讀書人、士大夫。這本是《水滸傳》中常見的「駡世語」。先於金聖嘆評點《水滸傳》的李贄李卓吾眉批此句道：

大頭巾犯一種點水不漏與剮人骨髓的病，所以毒於賊盜。

這也是李贄玩世不恭的駡世語，符合他一貫的作風。釋懷林在《批評水滸傳述語》中說李贄的作風，「蓋一肚皮不合時宜，而獨《水滸傳》足以發抒其憤懣，故評之爲尤詳。據和尙（李贄）所評《水滸傳》，玩世之詞十七，持世之語十三，然玩世處亦具持世心腸也，但戲言出之耳，高明者自能得之語言文字之外」。李贄的態度，大概「以天下爲沉濁，不可與莊語」故放言無忌，漫衍恣肆。

然而，令人吃驚的是，竟是金聖嘆站出來，對施耐庵和李贄的「遊戲態度」提出批評。金聖嘆在上引兩句之後批：

駡世語，竟似李贄惡習矣。然偶然一見即不妨，但不得通身學李贄，便殊累盛德也。

之所以令我們吃驚，是因爲這段話與他自己的另一段話頗多不同，《水滸傳》第十八回批：「其（施耐庵）言憤激，殊傷雅道，然怨毒著書，史遷不免，於稗官又奚責焉？」前句何其嚴責，後句多顯寬容，而哪句更代表金聖嘆的眞實態度？「怨毒著書」本是金聖嘆承襲李贄之語，又何以金聖嘆能對「怨毒著書」的施耐庵不忍嚴責，卻對「罵世惡習」的李贄頗多詈斥？

金聖嘆與李贄的淵源關係是一個令人感興趣而又困惑不解的問題。金聖嘆受李贄影響之大不必費力鉤沉，觸處皆可知，從「第一才子書」、「第二才子書」云云，「才子書」列目，到思想上的頗多溝通，乃至文筆的相似，都可看出李贄在金聖嘆心目中的份量。那個時代，離經叛道、走向異端的人，誰不受李贄的熏陶？甚至，金聖嘆有些思想比李贄的偏激走得更遠，即以罵世而言，金批中的罵世語較之李批多得多，也激憤得多。隨舉一例，《水滸傳》第十八回，阮小五罵官軍：

你這等虐害百姓的賊！

金批：

官是賊，賊是老爺。然則官也，賊也；賊也，老爺也。一而二，二而一者也。何其大膽，何其不顧一切。難怪今人何滿子《金聖嘆傳》說：「李贄在龍湖，還不離書院講學的門徑，金聖嘆則以秀才公開宣講釋典，比自稱『異端』的李贄更加恣肆」。

金聖嘆之於李贄私相承繼而有過之，可又爲什麼時而肯定、寬容，時而又深致不滿於李贄之常有，自己也常犯的「駡世惡習」呢？

首先得承認，一個能自稱和自居「異端」的人，必是一個勇氣十足的強者，當他自覺趨向於世俗所無法理解與認同的價值體系時，他得承受著傳統的、現實的外在巨大壓力，得承受著內心舊我、新我分裂的離心力，得承受著在喧囂人群之中卻遠離人群喧囂的無邊的寂寞……一個「異端」的人絕不是一個平常的人，他得有「忍者」精神的磨練，「忍」，忍耐、刻忍之謂也。

那麼，一個缺乏「忍之性」，卻又有清醒頭腦的人，既不滿於傳統、世俗主流文化的呆板、暮氣，又沒有義無反顧的勇氣，在主流與異端之間會怎麼樣？他會像一架鞦韆，搖曳於兩個極端之間。毫無疑問，他總想在兩端之間找一個平衡平靜的點，可內在、外在的壓力總讓他從正中的點上輕輕滑過，而左右蕩漾不定。李贄在左邊的極端上找到了歸宿，窮一生的力量對抗著來自另一端的吸引力，最後迫不得已自殺，以自殺完成對「異端人格」的堅信不移。金聖嘆則似乎下定不了決心，把自己的生命固定在一個端點上，外在的世界也在擠壓他，引誘他，使他總不能平靜。

金聖嘆的「異端」表現略舉幾個方面：對儒家經典的自由解釋，對佛教思想的全面接受，對科舉的蔑視，對正人君子者流所禁的「惑人心，壞風俗，亂學術」的小說、戲曲大加鼓吹，……可以說，「異端」的表現符合金聖嘆的性格特徵，他是一個外露張揚的人，他「內心燃燒著震世駭俗的好勝之心」，「世人看不起他，他越要傲岸嘲世；世人罵他不顧禮義廉恥，他越要怪僻狂放」（《文壇怪傑金聖嘆》），似乎又是一個李贄。

然而，他畢竟不是李贄。他批評李贄「殊累盛德」；他說：「禮法外人最愛禮法」（《杜詩解》），他心中還有盛德在、禮法在，並且於盛德、禮法表現出強烈認同感，鞦韆又蕩向了正統主流一端。爲什麼會這樣？

金聖嘆的時代已不是李贄的時代。李贄的時代是一個熟爛的社會走向破碎動亂的前夕，文化的衰朽使人們渴望「異端」所體現出的「新」的充實。王綱解紐的時代，總伴隨著思想的多元化。金聖嘆的時代則是社會由動亂邁向安定的一刻，人們渴望回歸一種穩定、明晰的價值體系。在這一刻，痛定思痛的人們反思「亂」與「治」，總傾向把社會的動亂、文化的崩潰歸咎於思想的異端、多元化。李贄敢自稱異端，金聖嘆一樣不滿於正統、道統，卻不敢居「異端」，金聖嘆心中異端的份量較之李贄，沉重而陰暗得多。

更何況「忽承帝裡來知己，傳道臣名達聖人」，順治庚子正月，「邵子蘭雪從都門歸，口述皇上見某批才子書，諭詞『臣此是古文高手，莫以時文眼看他』等語」（《春感》自序）。這是來自於正統那一端令人心動的誘惑，鞦韆蕩向了那一端。

更何況，李贄罵的是「大頭巾」，讀書人、士子與士大夫，社會價值體系的傳承者和維護者。而恰恰在傳承、維護的行爲中體現著士子的人生價值和精神義務。可以否定所傳承和所維護的價值體系，卻不能否定傳承和維護本身的神聖純潔。「道」可不一，但傳道與衛道，是中國士子千年的精神支柱。李贄所言「點水不漏與剮人骨髓的病」，恰是懷疑和否定了傳道、衛道本身行爲的正確性，這是抽去了士子的精神支柱，「道」又何可依托？而金聖嘆正以「傳道」、「衛道」自居，「粤自仲尼歿而微言絕，而忠恕一貫之義，其不講於天下也，既已久矣」，「惜乎三千年來，不復更講，愚又欲講之，而懼或乖於遁世不悔之教，故反因讀稗史之次而偶及之」。

可以理解了金聖嘆之於李贄接近或叛離間的游移不定。李贄是一個勇者、忍者，愛憎分明；金聖嘆卻不是，他的愛與憎，認同與疏離永遠糾纏在一起，對於「異端」，他有愛也有太多的憎；對於正統，他有疏離又有太多的認同。他永遠無法平靜，心在兩個極端之間來回追逐。

鞦韆，搖曳不定。

## 好色與淫

馮夢龍編《掛枝兒》是一本頗為大膽的時調情歌集，有些詞句以現在的眼光看都讓人覺得太過直露和激情澎湃。《掛枝兒》來源於明後期馮夢龍那個時代的民衆之口，也讓今人玄想那個特殊的時代：放浪享樂的時代。這充滿私情、幽會、調笑的歌調，還有《金瓶梅》一類小說文字，它們體現著那個時代兩性的道德觀念。我們要問，它是健康的嗎？抑或是畸形的；是尊重生命本能的欲望，還是人性的墮落、動物性的宣洩？

眞的，一個特殊的時代，也是金聖嘆的時代。

《掛枝兒·私部》有一首《調情》：「嬌滴滴玉人兒，我十分在意，恨不得一碗水吞你在肚裡。日日想，日日捱，終須不濟。大著膽，上前親個嘴。謝天謝地，他也不推辭。早知你不推辭也，何待今日方如此」。馮夢龍評此調：「語云，色膽大如天。非也，直是情膽大如天耳」。

這的確是一曲膽大之調，情感、欲望赤裸裸毫不遮掩。可細細尋味，裡面也有《西廂記》張生之於鶯鶯的意味，只不過一唱詞文雅，一曲詞直白。馮夢龍以爲好色實是情感的流露，而且這份情感之能感人，不在於它淺俗，而在於它的眞，誰聽過虛假的山歌？「山歌，言田夫野豎矢口寄興之所爲……今所盛行者，皆私情耳。……且今雖季世，而但有假詩文，無假山歌。則以山歌不與詩文爭名，故不屑假。苟其不屑假。而吾藉以存眞，不亦可乎？若夫借男女之眞情，發名教之僞藥，其功於掛枝兒等」（馮夢龍《叙〈山歌〉》）。好色而行爲直率，是基於兩性間的一段眞情。直露的舉止行爲，是否有傷風化、爲名教所不恥，姑且不論，而率直行爲之下的眞情實感，是符合人性健康道德的。

承認好色是眞情實感之上的兩性相悅，也是人類之天性，合乎道德的，那麼由這好色生發出的意識、行爲也必是道德的嗎？若意識、行爲超越出社會習慣律則的範疇，它也是道德的嗎？《西廂記．酬簡》金聖嘆批：

> 古之人有言曰，國風好色而不淫。比者聖嘆讀之而疑焉。曰，嘻，異哉。好色與淫相去則又有幾何也耶？若以為發乎情，止乎禮，發乎情之謂好

色，止乎禮之謂不淫…吾固殊不能解。好色必如之何者謂之好色，好色又必如之何者謂之淫。好色又如之何者謂之幾於淫，而卒賴有禮，而得以不至於淫。好色又如之何謂之賴有禮，得以不至於淫，而遂不妨其好色。夫好色而曰吾不淫，是必其未嘗好色者也。好色而曰吾大畏乎禮而不敢淫，是必其並不敢好色者也。好色而大畏乎禮而不敢淫，而猶敢好色。則吾不知禮之為禮將何等也。好色而大畏乎禮，而猶敢好色，而猶不敢淫，則吾不知淫之為淫必何等也……人未有不好色者也，人好色未有不淫者也。

發乎情謂之好色，越乎禮謂之淫，禮是對於人的行爲的規範。中國傳統文化講「好色而不淫」、「發乎情，止乎禮」，如歌德所稱讚的《好逑傳》中的愛情，「正是在一切方面保持嚴格的節制」。在人類的理性中，總有瞧不起情感的傾向，所以在人的理智看來，「發乎情，止乎禮」，「克已復禮」上嘖嘖嘆賞不已。可是兩性之間眞的有禮的存在嗎?什麼是戀愛之禮?什麼又是調情的行爲規範呢?把禮引入人類的性愛之中，是希望在性愛中也能有人類理性的閃光，使個體的性愛合乎社會共同認同的道德。可是禮的存在，也使人的性愛過程中，愛的情感與愛的行爲截然分開，愛的行爲不再是愛的情感的必然流露，而是由禮，社會性的行爲規範上推導出來——這便產生了問題。即使「禮」體現著道德的約束，指向著導向善的途徑，可是，它實際上帶來了性愛的虛僞。這個虛僞分爲兩方面：一方面，性愛的情感與性愛的行爲互不關聯，性愛的行爲不反映性愛的情感，便有可能使性愛的情感流於放浪不經，也就是所謂心靈骯髒，卻行爲合矩；另一方面，性愛中過於關注行爲合不合乎禮，必然使情感消退到次要地位，那麼愛本身還剩下什麼呢？愛的情感與愛的行爲是永不可分開的。在愛之中「禮」應該可有可無。愛是永恆的，千年之上的兩性相悅與千年之下的情投意合，並無多大區別，一樣爲愛可以生可以死；而千年的道德、禮法，已滄桑巨變，怎麼可以永恆服從於短暫？愛是超越禮法、道德的。當愛是眞愛，愛的行爲自然不會猥褻無聊，又何需有意用「禮」來規範？如果說愛有道德的話，這個道德在於使愛的情感高尙、純潔，而不在於使愛的行爲符合某種規範。

中國歷史和文學史也揭示出這一點：眞正的愛情都是越禮的，而符合禮法的婚姻卻難以有愛情。這兩者誰更合乎道德？毫無疑問是前者，因為在前者之中，雖然性愛的行為超越了時代道德所能認同的範圍，但它是愛情的必然。它體現著對人性的肯定和褒揚。後者則是對人性的扼殺。

所以金聖嘆說，以為有斤斤計較於合乎禮的愛情，那麼愛情也是假的、不存在的。眞正的性愛，是好色而超越禮法的。

# 醜陋的批判

## 我寧願接近人的本性

清馬時芳《朴麗子》正編卷上有一段話：「夫大飢必過食，大渴必過飲，此氣機之自然也。君子知其然，故不習難勝之禮，不爲絕俗之行。節有所不敢污，而亦不敢苦其節也。情有所不敢縱，而亦不敢矯其情也。居之以寬恕，而持之以平易，是亦君子之小心而已矣」。

這是一段非常平實而至當不移的話，想來也是「中庸」的眞正精髓。儒家之學少講出世的高蹈，而講積極入世。「積極」二字不是態度的「偏激」，也不是「熱衷」，可是許多後儒總把它坐實到這兩者上：要不就是矯情苟難，如《朴麗子》卷下論方孝孺，「蓋孝孺爲人強毅介特，嗜古而不達於事理，托跡孔孟，實類申韓，要其志意之所居，不失爲正直之士，故得以節義終。然而七百餘口累累市遭，男婦老稚瀝血白刃，彼其遺毒爲已烈矣」；要不就是無恥無行，如《五雜組》卷十三云，「今人之教子讀書，不過取科第耳，其於立身行已不問也，故子弟往往有登膴仕而貪虐恣睢者，彼其心以爲幼之受苦楚正爲今日耳，志得意滿，不快其欲不止也」；兩者要不出「沽名釣利」而已。「無恥無行」，人人皆知此爲小人儒；「矯情苟難」，則被名君子，爲害尤烈，「人但知劍戟足以殺人，而不知學問之弊其害尤烈。何也？所持者正，所操者微也。正也難奪，微也易惑。語云，不藥當中醫。此語可以喻學。夫學焉而不得其通，固不如不學之爲猶愈也」（《朴麗子》卷上），「通」就是寬恕，平易的態度。

金聖嘆的思想被周作人稱爲「肯根據物理人情加以考索」，這「根據物理人情」無非是也發議論，卻不走「偏激」、「熱衷」二途。不偏激，故不違悖人情欲望，不故作驚人宏論，相信眞正的正經高尙並不捨卻凡人的庸言庸行而求，卑之無甚高論，所謂「飲食男女皆義理所以從出，功名富貴即道德之攸歸……人心本無天理，天理正從人欲中見，人欲恰好處，即天理也。向無人欲，則亦並無天理之可言矣」（陳確《無欲作聖辨》）。也即周作人拈出的「常識」與「情理」；不熱衷，便能保持冷靜理性的頭腦，所發議論不會爲勢所逼，爲利所誘，自然也就不媚俗倭上，而是所言所行但求心之所安，節己容物。

《水滸傳》第五十回前金聖嘆批便頗平和感人：

雷橫母曰：「老身年紀六旬之上，眼睜睜地只看著這個孩兒」，此一語，字字自說母之愛兒，卻字字說出兒之事母。何也？夫人老至六十之際，大都百無一能，惟知仰食其子。子與之食，則得食；子不與之食，則不得食者也。子與之衣服、錢物，則可以至人之前；子不與之衣服、錢物，則不敢以至人之前者也。其眼睜睜地只看孩兒，正如初生小兒眼睜睜地只看母乳，豈曰求報，亦其勢則然矣……今雷橫獨令其母眼睜睜地無日不看，然則其日日之承伺顏色，奉接意思為何如哉！《陳情表》曰：「臣無祖母，無以至今日；祖母無臣，無以終餘年」。雷橫之母亦曰：「若是這個孩兒有些好歹，老身性命也便休了」。悲哉！仁孝之聲，讀之如聞夜猿矣。

在金聖嘆看來，「孝」本來只是很簡單的一種親情關係，子女在父母老年無能力時還能讓他們心情愉快地活，便是孝。這無疑符合人類的正常情感。可是正統的中國傳統道德硬把這種簡單的常情點綴成怪物，以爲子女之於父母的是無限義務，爲完成此義務，如《二十四孝》中「郭巨埋兒」之類，不擇手段、殘害他人的生存與自殘皆可受嘖嘖稱賞，這便流於偏激、無恥之途了，「道德的規定表現爲各種『法則』，但是主觀的意志受這些『法則』的管束。……可以指揮道德行動的那一種意志雖然不缺少，但是從內心發出來從事這些道德行爲的意志卻沒有」（黑格爾《歷史哲學》）。金聖嘆把「孝」簡化還原成人際之間的利害，勢必不得不然的關係，而且並不否定簡單、現實、利害攸關的關係中的一往深情，人只有在互爲依靠中產生最深沉的互爲依戀。而正統道德正在這裡走入誤區。以爲現實的利害關係是對人性情感的破壞，便產生出種種繁瑣教訓、禮儀，堂皇理由，力圖掩蓋現實利害關係。殊不知，越扮成含情脈脈越使人迷失眞情：以義務、責任，天理渲染「孝」的重要與必然，越發使人在情感上逃離這個必然。

當人類在做一件事而面臨幾種可能的選擇時，他常常會選擇導向善與和諧的那種可能性；可當人類排除其它可能，面臨只有一條必然的路時，他卻常常迷失方向。比如父母之於子女之關係，我們常常會選擇「孝」與「愛」；可社會告訴教訓我們：你只能「孝」時，我們便常常懷疑「孝」的眞正含義。因此，把高高在上，繁瑣的道德簡化成單純的原初狀態時，便是把幾種可能性呈現出來，依賴人類的本性導引向善的道德和最淳厚的情感。

由金聖嘆，可以想到：一個人一旦發議論，表達自己的觀點，便要追求這種議論接近我們的人性，而不是接近眞理。我們相信的眞理，其內在排他性與規範性，使人在接近它的過程中喪失自己，歷史上的所謂追求眞理者總讓人覺著眞理、信念大於人本身。而我們貼近我們自己的人性，便回到了家，雖然雜亂但平和、寬容，如阿道爾諾所界定：「平和，就是那種沒有支配而只有差異者相互滲透的獨特狀態」（《主體——客體》）。

## 「孝」不是道德

《論語》中說：「君子務本，本立而道生，孝悌也者，其爲仁之本與」？孝悌，是儒家道德的根本。然而《道德經》說：「大道廢，有仁義；慧智出，有大僞；六親不和，有孝慈」；又說，「絕仁棄義，民復孝慈」，把孝悌、孝慈眞的當作了道德倫理的基石，恰恰是造成人們遠離這個根本的原因，因爲道德一旦成其爲道德，也就成爲了人的內在和外在的約束規範，這必然與人自身發自內心自然而然的情感認同的流露不同，而孝悌最眞實和可貴的，恰恰是情感、天性的自然流露。把天性的衝動轉化成社會倫理體系的外在約束，也就使人在道德（仁義、孝慈）面前由樂之蹈之變成背叛逃離了。

張舜徽先生《說文解字約注》解釋「仁」、「孝」的本義，以爲只是人類自然關係和情感的體現。

> 仁，《說文》：「親也，從人二」，張舜徽《約注》：「以今語釋之，仁從人從二，即二人以上群居之關係也。人在天地間為最能群居之動物，故古人直以仁解之，仁之本義蓋但為親比之意，亦即群居之意」。
>
> 孝，《說文》：「善事父母者」，《約注》：「孝、好二字雙聲，故《釋名》即以好訓孝。今俗說子女之有孝行者，恆謂其『對父母很好』，即

善事父母之意」。

這個解釋和金聖嘆的觀點一致，《水滸傳》第四十一回批：

夫爺與娘，所謂一本之親者也。譬之天矣，無日不戴之，無日不忘之。無日不志之，無日不戴之，非有義可盡，亦並非有恩可感，非有理可講，亦並非有情可說也。

又《水滸傳》第二十三回批：

寫武二視兄如父，此自是豪傑至性，實有大過人者，乃吾正不難於武二之視兄如父，而獨難於武大之視二如子也。曰：嗟乎！兄弟之際，至於今日，尚忍言哉！一壞於干糇候相爭，鬩牆莫勸；再壞於高談天顯，矜飾虛文。蓋一壞於小人，而再壞於君子也。夫壞於小人，其失也鄙，猶可救也；壞於君子，其失也詐，不可救也。壞於小人，其失也鄙，其內即甚鄙，而其外未至於詐，是猶可以聖王之教教之者也。壞於君子，其失也詐，其外既甚詐，而其內又不免於甚鄙，是終不可以聖王之教教之者也。故夫武二之視兄如父，是學問之人之事也。若武大之視二如子，是天性之人之事也。由學問而得如武二之事兄者以事兄，是猶夫人之能事也。由天性而欲如武大之愛弟者以愛弟，是非夫人之能事也。

「忠孝之性，生於心，發於色」，而忠、孝、悌的失落便是源於內心天性中淳厚自然之情的消亡，當孝悌失卻它天性的根基、游離無依時，必然一方面不能回應「利」與「勢」的衝擊，另一方面由此不能回應卻又念念不放而生出陰奉陽違的「鄙」與「詐」來。前者是金聖嘆所謂小人之壞，後者是所謂君子之壞。施耐庵極力塑造的忠孝悌義集於一身的君子形象：宋江卻深爲金聖嘆所厭惡，原因便是讓金聖嘆在冠冕堂皇下看到了宋江的「機權」，即金聖嘆所說「假人」：「看他假，此其所以爲宋江也。直意原本忠孝，是宋江好處；處處以權詐行其忠孝，是宋江不好處」（《水滸傳》第三十五回批）。王望如闡發金聖嘆之意：「古今來靠忠、孝作文章的，必非眞忠、眞孝之人……即如宋江生而未嘗不孝，多了個自以爲孝；生而未嘗不忠，多了個自以爲忠」。

姑且不論孝悌是儒家乃至整個中國道德倫理的基礎，只以人之天性而言，孝悌也是人類自然生發最早最持久的情感。若此，則金聖嘆指出孝悌而大發牢騷，實是對人類道德天性與情感天性在文明社會中失落的反思。人類作爲自然之子的天性在物質和理性面前全面異化。人以類的形式生存發展，創造文明，必然離不開仁孝的維繫，否則，一盤散沙何以立足於凶險窮困的大自然之中。但創造的文明，物質的財富，精密的制度、理性的張揚，又恰是對仁孝的奴役，人類憑藉仁孝獲取生存發展的「利」與「勢」，而追逐「利、勢」又必然捨棄前者，也就是說，仁孝促進了文明的創造，也促進了自身的削弱和分離。人是自然而然以類的概念而存在，即以仁孝的本初顯現存在，但一旦自然而然的類概念成爲類的自覺，由生存繁衍的大自然中的掙扎變爲有意識創造享受文明，則人的維繫由仁孝的必然需要變爲以利益的獲得爲原則的人爲需要。

只要有文明的產生就有人性與天性的疏離。社會道德與自然道德的反目。盧梭說的：「文明是道德的淪喪，理性是感性的壓抑，進步是人與自然的背離，歷史的正線上升，必伴有負線的倒退，負線的墮落……」在這點上，中國的道家精神的確深刻，對渺遠的、深藏於心底的天性與人性同一的懷念和依戀，必然要反對造成兩者相捨相棄的文明。

金聖嘆希圖以武氏兄弟的相愛無爭，一往深情來反異化，無疑是個神話，但他指出了人性、天性合一，自然而然之和諧的路，人最重要的是尊重和遵循自然流露的情感，愛或恨，而不是泯滅它以服從於社會，外在道德規範。愛就是最高的道德。王畿《贈思默》：「凡處至親骨肉之間，輕重緩急自有天則，一毫不容加減，才著意處便是固必之私，不是眞性流行」。

另外，金聖嘆以「武二視兄如父，武大視弟如子」的「孝」來解兄弟相愛敬的「悌」，是暗示在現實社會裡道德義務並不一致的「孝」與「悌」在天性人性合一的境界上兩者的情感張力和本質是相同的。《水滸傳》第四十一回批：

夫孝，推而放之四海而准……以孝我父者孝我君，謂之忠；以孝我父者孝我兄謂之悌；以孝我父者孝我友，謂之敬；以孝我父者孝我妻，謂之良；以孝我父者孝我子，謂之慈；以孝我父者孝我百姓，謂之有道仁人也。推而至於伐一樹，殺一獸，不以其順謂之不孝……。

也就是說，金聖嘆力圖把現實社會中人性的種種差異轉化成人性的相同，以人性的合一的現實狀態顯示人性與天性合一的理想狀態，即在形而下的層面上挽救天性之失。

## 生命的萎縮

周作人先生以一個很獨特的視角——女性立場，看待《水滸傳》。他在《小說的回憶》裡評價《水滸傳》人物：「《水滸》的人物中間，我始終最喜歡魯智深，他是一個純乎赤子之心的人，一生好打不平，都是事不干己的，對於女人毫無興趣，卻爲了她們一再鬧出事來，到處闖禍，而很少殺人……。武松與石秀都是可怕的人，兩人自然也分個上下，武松的可怕是煞辣，而石秀則是凶險，可怕以至可憎了。武松殺嫂以及飛云樓的一場（當是飛云浦、鴛鴦樓——引者），都是爲報仇；石秀的逼楊雄殺潘巧云，爲的要自己表白，完全是假公濟私」。這段話承襲了金聖嘆的觀點，《水滸傳》第四十五回批：

前有武松殺奸夫、淫婦一篇，此又有石秀殺奸夫、淫婦一篇，若是者班乎？曰不同也。夫（潘）金蓮之淫乃敢至於殺武大，此其惡貫盈矣，不破胸取心，實不足以蔽厥辜也。若（潘）巧云淫誠有之，未必至於殺楊雄也。坐巧云以他日必殺楊雄之罪，此自石秀之言，而未必遂服巧云之心也。且武松之於金蓮也，武大已死，則武松不得不問，此實武松萬不得已而出於此。若武大固在，武松不得而殺金蓮者，法也。今石秀之於巧云，既去則亦已矣，以姓石之人而殺姓楊之人之妻，此何法也？總之，武松之殺二人，全是為兄報仇，而已曾不與焉；若石秀之殺四人，不過為已明冤而已，並與楊雄無與也。觀巧云所以污石秀者，亦即前日金蓮所以污武松者。乃武松以親嫂之嫌疑，而落落然受之，曾不置辯，而天下後世亦無不共明其如冰如玉也者。若石秀則務必辯之：背後辯之，又必當面辯之；迎兒辯之，又必巧云辯之，務令楊雄深有以信其如冰如玉而後已。嗚呼，豈真天下之大，另又有此一種巉刻狠毒之惡物歟？

《水滸傳》作者以欣賞的態度描述著兩個越禮的婦人的被殺，細節細致殘忍，暴露出中國傳統文化中男性本位的施虐狂心理，中國男性心中的婦女觀何其變態與暴虐。由此，我們也不得不佩服金聖嘆對這件事的平和、通達的態度。

「淫婦」的該死不該死，當以法論，不當以道德論。潘金蓮之必死是因為她謀殺親夫，而不當是因為她通奸；潘巧云之不必死是因為她不會走到殺夫地步，而她之死只暴露男人的狠毒和心理變態。以衛道著稱的紀昀在《閱微草堂筆記》一則「通奸殺奸」的故事後寫下了一段與金聖嘆的話相似的議論，可見男人在「殺奸」中表現出的變態，連正統衛道者也覺過分了：「夫蕩婦逾閑……非亂臣賊子，人人得而誅者也。且所失者一身之名節，所玷者一家之門戶，亦非神奸巨蠹，弱肉強食，虐焰橫煽，沉冤莫雪，使人人公憤者也」。

婦女的被侮辱與被損害，無論她們對或錯，罪過永遠是她們的，這是中國傳統正統文化的一個主題，如金聖嘆以後繼評《水滸傳》卻思想酸腐刻薄的王望如所言：「自古殺人之名正言順、理直氣壯，無如殺奸夫淫婦」。中國人一向講平和中庸，可爲什麼又刻刻在意於奸情的防範，快意於捉奸、暴虐於殘殺奸情中的女性？平日平和的中國人於此便見偏執狂，平日已然刻薄的中國人於此便見十倍的刻薄。僅僅是因爲中國人「名正言順、理直氣壯」的強烈的道德感？顯然說不通。

我們相信，貌似強大的中國男性在性關係中的虛弱，導致社會關係中的變態。理學越盛的時代，道德規範越嚴密的時代，也是人的生命力最萎縮、社會最疲弱而遲暮的時代，當然也是奸情最多（或者說捉奸最多）的時代。男子自信心的跌落、人格的卑微、精神的僵老、社會地位的平庸與日益衰落，當然經受不了性不道德（這個道德是指以外在關係規範爲合理性，而不考慮人的本身需要）的打擊，同時對於死氣沉沉的生命也有渴望性不道德刺激以尋求尊嚴証明的衝動，兩者的合力造成男子的變態。這也是《水滸傳》中石秀爲什麼異乎尋常地捉奸、殺奸的原因。他孜孜於自我地辯白，如金聖嘆所說「務必辯之」，恰恰是他自我虛弱的表現，他已沒有自信「落落然受之」而「天下後世亦無不共明其如冰如玉也者」；也沒有自信辯之一次、二次，他人即信其清白，必辯之數次不已，他只有不斷地從外在獲得証明來確信自我；只有透過暴力這種激烈形式來掩蓋自己的虛弱。

潘金蓮和潘巧云不能算是道德的女人，然而不道德便該被虐殺？如金聖嘆所言：「若巧云淫，誠有之，未必至於殺楊雄也，坐巧云以他日必殺楊雄之罪，此自石秀之言，而未必遂服巧云之心也」——從中可以感覺到金聖嘆的嚴正與恕道。而想來，嚴正的精神、行爲，加之以恕的寬廣胸懷，才是儒家的眞正精神，也是一個心理健全人的基本條件。而嚴正要有兩個方面：不流於腐，不傷於刻；恕道則須通達人情物理，處處方顯大方。《朴麗子》所說「曲儒以矯情苟難爲道」是很可怕的事，而在中國傳統文化裡偏偏比比皆是。對照一下，更看出金聖嘆的通達，得儒家之眞精神。周作人《立春以前·廣陽雜記》「大抵明季自李卓吾發難以來，思想漸見解放，大家肯根據物理人情加以考索，在文學方面公安袁氏兄弟說過類似的話，至金聖嘆而大放厥詞」，《讀〈初潭集〉》：「懂得人情物理的人說出話來，無論表面上是什麼陳舊或新奇，其內容是一樣的實在……因爲公正，所以也就是和平」。

## 鴨一樣的看客

《水滸傳》第三十七回，李逵與張順「兩個打做一團，絞做一塊，江岸上那三五百人沒一個不喝采」。金批：「每見人看火發喝采，看杖責喝采。看廝打喝采，嗟乎！人之無良，一至於此！」

這與二百多年後魯迅在日本受到的刺激何其驚人的相似。《吶喊》自序：「凡是愚弱的國民，即使體格如何健全，如何茁壯，也只能做毫無意義的示衆的材料和看客。」《墳·娜拉走後怎樣》：「群衆——尤其是中國的——永遠是戲劇的看客。犧牲上場，如果顯得慷慨，他們就看了悲壯劇；如果顯得觳觫，他們就看了滑稽劇」。「喝采的看客」形象也屢屢出現於魯迅的小說中，可以想見魯迅於此的冷峻、孤憤了。如《阿Q正傳》寫到阿Q即將被殺頭，街「兩旁是許多張著嘴的看客」，「發出豺狼的嗥叫一般」的喝采：「好！」；小說《藥》寫殺人場上的看客「頸項都伸得很長，仿佛許多鴨，被無形的手揑住了似的，向上提著」。

中國式的殺人、鬥毆、災禍場面是一個可窺見中國人人性的文化現象，除開事件本身外，便是蜂擁的看客所表現出的心態和國民性了：冷漠、興災樂禍。中國人都多多少少受道家、佛教的影響，人生體驗中總免不了虛無的分子。平庸的人做不到哲學的虛無到理性否定的昇華，只能是現世的遊戲的虛無，把人生，自己的也罷，他人的也罷，看作一場戲劇，湊熱鬧而已。看戲，也有句老話：「先學無情後學戲」，人的殺人與被殺，人的苦難與呻吟，人的糾纏與掙扎，都是戲劇化的材料，而一旦當作了戲劇，看的人也就遵循「無情」的規則。「無情」還不準確是「無情——有情」的遊戲規則，前一個「情」是同情，後一個「情」是享受的快感。

《水滸傳》第三十七回，宋江、戴宗被押赴刑場，「江州府看的人，眞乃壓肩疊背，何止一二千人」。金批：「又加二千看的人，寫得鬧動之極。」《水滸傳》第二十六回，武松殺死潘金蓮、西門慶，提人頭到縣衙自首，「轟動了一個陽谷縣。街上看的人不計其數」。金批：「第一番看迎虎，第二番看人頭，陽谷縣人何其樂也」，筆力冷峻。

「殺頭在中國居然可以當成古董似的，可供看客玩賞、過癮和作樂，而國民卻樂此不疲，在生命的悲哀處看出快樂和滿足，在頭顱和鮮血中得到娛悅和享受。人和人根本不能相通，心和心之間隔著萬丈高牆，痛苦和悲哀不入於他人，他人的災禍和不幸正好是自己享樂的大好時機」（劉再復·林崗《傳統與中國人》），在這背後也許可以看出中國傳統文化中的人作爲類之存在的同一性和作爲個體存在之間的疏離感。面對諸如災難、不幸，大衆不認爲它們具有社會的普遍性，不認爲自己與正在遭受不幸的人處於同樣的生存狀態，只把災難、不幸當作某個具體人的災難不幸，與己無關。「看熱鬧」、「喝采」，人對於他人具有欣賞性，缺乏參與性，人不干預他人的生活，實際上也就是沒有能力把握自己的生活。金聖嘆對於喝采者一聲深深的喟嘆：「人之無良，一至於此」。他所說的「良」大概指孟子所謂的『惻隱之心，仁之端也」，仁的開端則是對人、自己和他人的認同和諧。人的覺醒不僅需要人的內省批判，也需要外化到他人，從他人及社會境遇中確証。他人的生活即我的生活。對他人的認識，包括同情，皆依賴於自我的認識，也就是說，當對他人的認識是消極的，可以反証自我認識也是消極的。對他人冷漠，與災樂禍，不是自私，而是自我的喪失，如《莊子》裡說「吾喪我」的人正是形容枯槁，心如古井的人。

中國傳統文化中，爲什麼自我意識會喪失？中國傳統文化不是一種高揚個體自我的文化，可不高揚並不意味著喪失。自我在哪裡喪失？兩位外國人在分析中國人爲什麼缺乏同情心時的解釋也許可以讓我們受到啓發，A．H．斯密斯《中國人的特性》：「中國人目前最缺乏的一種品性，就是惻隱之心或同情心。……中國一般人的經濟狀況，可以用兩個字來概括－赤貧。赤貧的生活和在此種生活中掙扎所顯露的經驗，日久自然會變做司空見慣的事。水深火熱一類的經驗，不但數量多，種類也多，不但種類多，每一種的程度又往往十分深刻。看慣了的人，或自己再三有過此種經驗的人，自然是不容易有動於衷，而興起孟子所稱的惻隱之心，或不忍人之心。……無論一個人的眼光多遠、心腸多軟，時常和一種痛苦的光景接觸以後，同時又明知即使赴湯蹈火，亦無補於此種痛苦的預防或解除，他的心理狀態是可以猜得到的，不是視若無睹，就是無動於衷」，（一八九四年），勒津德（A.F.Legendre）《現代中國文明》（一九二六年）：「中國人飽經苦難，洪水飢荒瘟疫，常常襲面而來，防不勝防。加之內亂匪禍，生命財產無保証，……已經感覺不到生命的珍貴……因此，逐漸生出對不幸的不關心，既自己輕生，又不重視他人的生命」。中國傳統文化中，個體自我的喪失，很重要一個原因是中國人的個人權利的喪失和無保障。人在災難不幸面前，無論天災還是人禍，都無能爲力，無所作爲，一次次痛苦經歷之後的麻木，自然也就沒有自我能力的肯定，自然也失卻同情惻隱他人的能力，自然把這種痛苦以遊戲的虛無態度處之。

自己的生存未必美滿，卻對他人的不幸興高采烈或漠不關心，這是一個怪圈。關鍵原因還在於我們的文化。中國傳統文化不承認個人，個體權利遠遠小於他的社會義務。他得遵從社會的種種規範、制約，社會卻沒有義務保障解脫他生存的困窘、生活的痛苦。每一個人作爲個體的權利受到他作爲社會、公衆「類」的人所應盡義務的排壓。權利都沒有和無保障，何來自我？

接過金聖嘆的喟嘆，我們也不免要喟嘆一聲：每見人看火發，看杖責，看廝打，看殺人喝采，他們不喝采又能如何呢？人之無良，一至於此；文化之無良，一至於此。

## 金錢的嘆息

《水滸傳》第八回《柴進門招天下客　林沖棒打洪教頭》，金聖嘆發了一通對金錢的感慨：

此一回旁作余文，則於銀子三致意焉……（林沖）訪柴進而不在也，其莊客亦更無別語相惜，但云你沒福，若是在家，有酒食錢財與你。可嘆也：酒食錢財，小人何至便以為福也；洪教頭之忌（林）武師也，曰誘些酒食錢來。可嘆也：大小人之污蔑君子，亦更不於此物外也；（林）武師要開枷，柴進銀千兩，公人忙開不迭。銀之所在，朝廷法綱亦惟所命也；洪教頭之敗也，大官人實以二十五兩亂之。銀之所在，名譽身份都不復惜也；柴進之握別也，又捧出二十五兩一錠大銀。雖聖賢豪傑，心事如青天白日，亦必以此將其愛敬，設若無之，便若冷淡之甚也；兩公人亦賚髮五兩，則出門時林武師謝，兩公人亦謝。有是物即陌路皆親，豺狼亦顧，分外熱鬧也；差撥之見也，所爭五兩耳，而當其未送，則滿面皆是餓紋，及其既送，則滿面應做大官。千古人倫甄別之際，或月而易，或旦而易，大約以此也；林沖要一發周旋開除鐵枷，又取三二兩銀子。但有是物，則無事不可周旋，無人不願效力也。信乎名以銀成，無別法也。嗟乎！士而貧尚不閉門學道，而尚欲游於世間，多見其為不知時務耳，豈不大哀也哉！

對金錢的這種感覺算不得是金聖嘆獨家感覺，古今中外的人也是「三致意焉」，頂有名的魯褒《錢神論》比金聖嘆來得嘻笑詼諧；莎士比亞《雅典的泰門》的台詞也比金批來得淋灕痛快。單引些僻典，可見對於人在金錢面前的異化的感受是人同此心，不分畛域。褚人獲《堅瓠六集》卷一引袁宏道《讀〈錢神論〉》：

閒來偶讀《錢神論》，始識人情今益古：古時孔方比阿兄，今日阿兄勝阿父。

而《清人雜劇》二集葉承宗作《孔方兄》，鋪衍得最妙：

> 愛只愛，六書文，會識字，「戔」從著「金」；恨只恨《百家姓》，「錢」証了「趙」…矢口為文笑魯褒，你可也太莽囂，怎把個至尊行，僭妄認同胞？稱他個「孔方老師」罷，不好，不好！怕他嫌壇坫疏；稱他個「孔方家祖」罷，也不好，也不好！怕嫌俺譜牘遙；倒不如稱一個「家父親」才算好！
>
> ——參見《管錐編》有關章節

中國士人秉著不言利、恥言利的訓導倒能把金錢的異化力量旁觀得清楚、深刻，讓今天的人讀起來比古人自己讀它們更能覺著酣暢切中。金聖嘆的批評比其他人的嬉笑怒罵顯得沉痛些，因爲他參透人情，些微凡人瑣事中的金錢色彩；他揭示了人的存在在金錢面前的尷尬。友誼、榮譽、人的傲氣、人類賴以爲榮的東西在金錢面前的蒼白無力：或依靠金錢來維繫，或依靠金錢來反覆；而人生活中的奴性、諂媚、淺薄，這些人所共厭又不得不然者，也因爲金錢在生活中、心目中的那份分量而祛之不能。如《水滸傳》第三十七回金批：「夫宋江之以銀子與人也，夫固欲人之感之也；宋江之不敢不以銀子與人也，夫固畏人之怨之也」。

據考，金聖嘆家境一般，大概沒有暴富過，但他有一件揮金如土的軼事，則讓旁人莫衷一是。看看現實中的金聖嘆視金如泥的瀟灑大方，再對觀他關於金錢的這番看法，可以想見他心中的悲涼了。一日，斫山以三千金予聖嘆，曰：「君以此權子母」，甫越日，揮霍已盡，聖嘆乃語斫山曰：「此物留君家，適增守財奴名，吾已爲君遺之矣！」斫山一笑置之（廖燕《聖嘆傳》）。歸莊《誅邪鬼》亦載一事，不知與此是否合一，「有富人素與交好，乙酉之亂，以三千金托之，相與謀密藏之，其人既去，則盡發而用之，事定來索，佯爲疑怪，略無慚色」。歸莊對於聖嘆有偏激的憎恨，其所記不敢令人全信。《西廂記·閒簡》金批：「斫山……傾家結客而不望人報，……瓶中未必有三日糧，而得錢猶以與客」，以斫山性格，兩人關係來看，歸莊所記「事定來索、佯爲疑怪」云云，似不足証。但金聖嘆的大方揮霍，兩文合看是可信的——現實生活中如此豪闊浪費地花錢和精神上對金錢那麼細致入微的體察，反映出金聖嘆對金錢異化的深深驚懼。王斫山以三千金見贈是重友之情，俠義之風，然而與柴進之愛敬林沖而以銀相送何異？「心事如青天白日」，可是沒有金錢作媒介依托，誰又知道？友情在世人眼中尚如此脆弱，遑論其餘了。《西廂記・前候》金批：

> 世間有斤兩可計算者，銀錢；世間無斤兩不可計算者，情義也。如張生鶯鶯，男貪女愛，此真何與紅娘之事？而紅娘便慨然將千斤一擔，兩肩獨挑。細思此情此義，真非秤之可得稱，斗之可得量也。顧張生急不擇音，遂欲以金帛輕相唐突。嗟乎，作者雖極寫張生情急，實是別寓評伯哭世，蓋近日天地之間，真純是此一輩酬酢也。

金聖嘆以最快的速度揮霍掉金錢，是想還友情一個人的本位，消除掉異化的陰影。從王斫山最後的一笑置之到金聖嘆自己的略無慚色，可以明了，極端、偏激的行爲是對人性本初狀態的召喚。貧與富，腰纏萬貫與一無所有，不僅僅是生活狀態的差異，常常也成了人類精神家園之路清晰和迷失的分界。金錢的斂聚與消費、饋贈與交換，名義上爲著自己，自己生活的豐足，自己行動的隨意。可事實上，蒙蔽、失落的恰是自己，自我被金錢消解。「君子固窮」、「君子安貧」，不是對經濟拮据困窘的讚賞般地言高調，而是對貧困之下精神保持自爲自我的肯定。《水滸傳》第三十七回金批：「看他要銀子賭。便向店家借；要魚請人，便向漁戶討，一若天地間之物，任憑天地間之人共同用之。不惟不信世有慳吝之人，亦並不信世有慷慨之人。不惟與之銀子不以爲恩，又並不與銀子不以爲怨」。

# 我們所理解的金聖嘆

根據伽達默爾解釋學的觀點，任何理解和解釋都依賴於理解者和解釋者的前理解（vorerlstandnis）。從這個意義上說，前人註定要被後人所誤解，因爲後人總是以自身的視域（Harizont）去看待前人，後人認識前人只認識到他所能認識的那部分，比如顧頡剛先生在一篇講演中所說，中國歷史上的孔子，有先秦的孔子，有兩漢的孔子，有道家的孔子，有理學的孔子……孔子本身只有一個，可解釋者造就出各不相同的孔子。也就是說，所謂歷史的眞實，也同藝術的眞實相似，是一種想當然如此，而不是生活的本身。

對金聖嘆的理解也一樣。

我們不諱言，我們對於金聖嘆的理解是基於我們處於今時、今世的特定前理解之上，不同於任何相異於我們的時代、背景的人的理解。我們的理解必帶有我們的特點和我們這個時代世界的烙印。

所以，我們只談我們看到和認定的金聖嘆的生活的那一面，蔽於我們的偏見，我們看不到和不能認同的他的人生哲學的另一面，則不去談論。維根斯坦說：凡是不可說者，則必保持沉默。

我們很喜歡金聖嘆人生中的審美因素，也便認定審美是其人生哲學的最根本。一般而言，受美學思辨的影響，我們過多地把「審美」兩個字眼，理解成爲藝術的感悟，即美的超越性。而金聖嘆則讓人感到，審美是現實的，它的難能可貴在於對平凡、平淡、個體的生活保持一種參與式的虔敬和感動。審美的人生，或者說，在人生中能看到美的光芒，而不計較這種人生是高貴還是卑微，是富足還是貧困，那麼，它必是高貴而富足的，也必是健康與健全的。

眞善美之中，善可以離開眞，成爲僞善；眞也可以眞到只尊重外在事物而不考慮人的感受，比如標榜的「純客觀的科學」；只有美才是緊密聯繫「眞善美」三者的唯一而永久的紐帶，無眞之善、無善之眞都是不美的。只有審美的人生，才能找到三者的合一，美的必是善的和眞的。

馬斯洛說，人類的最高需要是「自我實現」（self－actualization）。自我實現，在我們看來，必經過審美的自由之維以實現自己想成爲、能成爲的人。突出金聖嘆人生中的審美，因爲審美之中已經包含了明朗、純潔的人格，高尚的道德感和對眞理的熱愛。

金聖嘆的藝術審美品味是相當精致與高雅的，雖然不在本書討論之列，但在中國戲劇史、文學批評史，乃至美學史都將占一席之地。

金聖嘆的人生，無論藝術的，還是世俗的，共通一點，都是審美的——在我們眼裡。

說到金聖嘆「高尚的道德感」，這個評價基於這樣的理解，高尚不在於他對他所處時代信奉的道德標準的恪守，而是他對所處時代的道德的批判。金聖嘆人生哲學中引人注目的第二點，也正是他的道德批判。批判是一種動態的人格活動，它表明一個人的人格總處於富有生命力，開放的階段。

保持道德批判，也便對所存在與信奉的道德的合理性表示置疑。因爲人們對於道德的批判總是以是否符合人性爲武器，道德批判也便使人不斷地對人性的本來面貌予以發覺，予以追索，所以越是道德的批判，道德也越是接近人性。相反，對於道德的嚴峻恪守，沒有一絲的懷疑與批判，那麼它所表現出的精神，不是高尚，而是一種忍性，帶有偏執狂的成分。這樣的人，必然把道德教條看得重於一切，壓抑和批判的是自己的人性，「存天理，滅人欲」，故而道德感特別強烈且固執不化的人、衛道者、衛教者，難以高尚，他缺乏起碼的對人性的尊重和對非道德的寬容。

金聖嘆的許多道德理想遠遠超出了所處的時代，對於時代的道德金科玉律，也予以激烈的抨擊。金聖嘆不是不衛道，他衛的是他認爲符合人性的道，或者說，他信奉沒有異化、虛僞的善。他的道德批判的武器，說白些，不外乎「人情通達」，如清人焦循（理堂）在《易餘籥彔》裡說的一段話：

人生不過飲食男女，非飲食無以生，非男女無以生生。唯我欲生，人亦欲生，我欲生生，人亦欲生生，孟子好貨好色之說盡之矣。不必屏去我之所生，人之所生生，但不可忘人之所生，人之所生生。

「生」與「生生」才是最大的道德，簡單明瞭。道德不必拔高到玄虛的高度，它只在生活的衣食住行之中。而越是簡單的道德，越是接近人性，越是反映生活本身。

人生審美、道德批判，是我們認爲的金聖嘆人生哲學的核心，但不是全部。

金聖嘆的人生哲學中還有許多其它因素，或者已被他人道出，或者還沒有爲人所認識到。我們的這十數萬言，卻大體只圍繞著上述兩個中心而展開，希望能把它們說透，這是比較偏的選材和寫作態度，而且至於說透沒有，也非我們所知，因爲按我們自己的一個觀念，語言是不可信的。

再談一個感受：金聖嘆是一個值得一讀的人。

金聖嘆的人生哲學—糊塗人生　　中國人生叢書 18

著　　者／周劼
出　　版／揚智文化事業股份有限公司
發 行 人／葉忠賢
責任編輯／賴筱彌
地　　址／台北市新生南路三段 88 號 5 樓之 6
電　　話／(02)2366-0309　2366-0313
傳　　真／(02)2366-0310
登 記 證／局版北市業字第 1117 號
印　　刷／偉勵彩色印刷股份有限公司
法律顧問／北辰著作權事務所　蕭雄淋律師
初版二刷／ 1998 年 5 月
定　　價／新臺幣：200 元

南區總經銷／昱泓圖書有限公司
地　　址／嘉義市通化四街 45 號
電　　話／(05)231-1949　231-1572
傳　　真／(05)231-1002

本書如有缺頁、破損、裝訂錯誤，請寄回更換
ISBN⇨957-8446-03-9
E-mail⇨ufx0309@ms13.hinet.net
版權所有　翻印必究

**國家圖書館出版品預行編目資料**

金聖嘆的人生哲學：糊塗人生／周劼　著.－－初版.
－－臺北市：揚智文化，1997〔民86〕
面；公分.－－（中國人生叢書；18）
ISBN 957－8446－03－9（平裝）

1.（清）金聖嘆－傳記　2.人生哲學

782.871　　　　86000168